KB112838

서른의 꿈은
달라야 한다

이 책을 소중한

_____님에게 선물합니다.

_____드림

30

잘나가는 증권회사 애널리스트에서 늦깎이 한의사 되다

서른의 꿈은
달라야 한다

· 최성희 지음 ·

위닝북스

꿈을 이루고 싶다면
지금 당장 실행하라!

어린 시절, 장래희망을 묻는 질문에 나는 남들처럼 아나운서, 판사 혹은 검사를 말하곤 했다. 나의 적성에 맞는가, 내가 좋아하는 일인가, 가슴이 설레는가와는 상관이 없었다. 이 직업들을 택하면 무언가 있어 보이고 근사할 것만 같았기 때문이었다.

그 후에도 장래희망은 계속 바뀌었다. "이런 직업이 돈을 많이 벌 수 있다.", "요즘은 이 직업이 새롭게 뜨고 있다."라는 소식이 들려올 때마다 마음이 요동쳤다. 대학 입시를 앞두고는 불안감이 커지면서 하고 싶은 일도 매일 달라졌다. 노트에 적었다면 아마 수백 가지는 넘었을 것이다.

나는 대학에서 경영학을 전공했다. 학부가 경영·회계학부라 처음에는 회계학을 전공하고 공인회계사를 따려고 마음먹었다.

하지만 입학 동기들이 1학년 때부터 도서관에서 두껍고 방대한 양의 회계 책과 씨름하는 모습을 보고는 회계사가 될 생각을 깨끗이 접었다. 대학생으로서 자유를 누리며 다양한 사람들을 만나보고 싶었기 때문이었다.

어느 날 신문에서 애널리스트에 대한 기사를 보고는 호기심이 생겼다. 생소하고 진입 장벽이 높았으며 무언가 '있어 보인다'는 점이 흥미를 자극했다. 그 후에도 잡지에서 애널리스트의 인터뷰 기사가 나오면 스크랩을 해 두었다.

대학원에서 재무관리를 전공한 후 퀀트 애널리스트로서 사회에 첫발을 내디뎠다. 직장 생활을 하는 동안 과분한 사랑을 받으며 신입사원이 맡기에는 어려운 일들까지 도맡아 해냈다. 이 외에도 SBS 증권시황 방송을 했고, 경제신문사에 한 주 동안의 세계 주식시장 상황에 대한 칼럼을 기고하는 등 단기간에 강도 높고 밀도 있는 업무들을 진행했다.

하지만 마음속은 점점 공허해졌다. '그토록 선망하던 직업인데 왜 나의 마음은 이렇게 허전한 것일까?'라는 의문이 들기 시작했다. 그로부터 1년 후 나는 동경했던 직업을 그만두었다. 원점부터 다시 시작하기로 했다. '과연 나는 무엇을 할 때 행복하고 설레는가, 나는 무엇을 좋아하는가'를 진지하게 고민했다. 고정관념과 외부의 시선에서 벗어나 보다 근본적인 '나'로부터의 탐험을 시작한 것이다.

퇴직한 후 건강에 눈을 돌리면서 자연스럽게 건강을 회복하도록 도와주는 일에 관심이 생겼다. 그래서 한의학 관련 강좌를 수강하고 직접 몸에 침을 놓고 뜸을 떠 보며 작은 것부터 실행해 보았다. 과연 이 일을 하면 몸은 지쳐도 마음은 지치지 않을 수 있는지, 가슴이 뛰는 일인지를 진지하게 탐구했다. 6개월간의 탐험과 고민 끝에 한의사가 되겠다는 꿈을 가졌다. 그리고 이 꿈은 정확히 10년 후에 이루어졌다.

하고 싶은 일이 있다면 머릿속에서 상상만 하지 말고 직접 경험해 보라고 말하고 싶다. 이것이 어렵다면 실제로 그 일을 하는 사람들 옆에 가서 보고 느끼는 것부터 시작할 것을 추천한다. 부모님이 원하는 직업, 친구 따라 강남 가는 직업에서 벗어나 자신이 진정으로 행복한 일을 찾아야 한다.

꿈만 꾸면 모든 게 다 이루어질 거라고 생각하는 사람들이 많다. 그러나 실행력이 뒷받침되지 않는 꿈은 헛된 꿈일 뿐이다. 또한 꿈이 더디 이루어진다고 불평하는 사람들도 있다. 하지만 더디 이루어지는 꿈은 나를 담금질하고 꿈을 이룬 후에도 넘어지지 않도록 만들어 주는 안전장치다. 그러므로 꿈이 조금 늦게 이루어진다 해도 절대 좌절하지 말자.

이 책을 통해 진정한 꿈을 찾고, 어떻게 꿈이 더욱 단단해졌는지, 앞으로 어떤 꿈을 꾸고 살아가야 하는지 도움이 되었으면 좋겠다.

이 책이 세상에 빛을 발하도록 허락해 주신 하나님께 감사드린다. 또한 책을 쓰는 데 아낌없는 조언을 해 주신 〈한국 책쓰기 성공학 코칭협회〉의 김태광 대표 코치님, 언제나 활기 넘치는 〈위닝북스〉 출판사의 권동희 대표님께 감사드린다.

부족한 제자를 이끌어 주고 건강을 회복할 수 있도록 도와주신 스승님과 교수님들께 항상 감사드리며, 환자에게 최선을 다하시던 그 모습을 본받기 위해 앞으로도 노력할 것이다.

마지막으로 누나가 힘들 때 백방으로 뛰어다니며 해결책을 찾아 주었던 동생 최성환에게 사랑을 전하며 언제나 나의 든든한 지원군이자 물심양면으로 도와주시는 사랑하는 부모님께 이 책을 바치고 싶다.

2017년 12월
최성희

CONTENTS

PART 1

청춘의 모퉁이에서
꿈을 꾸다

PART 2

머뭇거리는 청춘은
청춘이 아니다

PART 3

벼랑 끝에서 피는 꽃이
아름답다

PART 4

서른 이후의 삶은
달라야 한다

청춘의
모퉁이에서
꿈을 꾸다

행운은 준비된 자에게만 찾아온다

준비와 기회가 만나서
행운이라는 결과를 낳는다.

– 앤서니 라빈스

빛의 속도로 빠르게 탈락한다는 의미의 광탈. 요즘 취업 준비 생들은 한 달 동안 무려 20개에 달하는 자기소개서를 작성한다. 그러나 10시간을 공들인 자기소개서에도 불구하고 서류 광탈과 면접 광탈의 쓴맛을 경험한다. 면접 기회도 없이 서류심사에서 연속 탈락한 취업 준비생들은 스트레스와 우울증이 극에 달한다. 마음이 연약한 일부 취업 준비생들은 급기야 취업을 포기하고 만다. 그러나 아무리 힘들고 고통스러워도 결코 포기해서는 안 된다. 그럴수록 차근차근 준비하며 때를 기다려야 한다.

내가 대학원 졸업을 앞두고 있을 무렵, 동기들의 취업 소식이

잇따라 들려왔다. 대기업, 외국계 컨설팅 회사, 공기업에 하나둘씩 취직했다는 소식이 들려올 때마다 아직 입사하지 못한 나는 초조해지기 시작했다. '대학원까지 나왔는데 여기서 취직이 안 되면 어쩌지?' 하는 불안감에 시달렸다.

2월의 졸업 시즌이 지나고 꽃 피는 3월이 다가왔지만 인연이 닿는 회사는 없었다. 졸업 후 4개월이 지나자 불안과 초조는 극에 달했다. 처음엔 현실이 두려워 집 밖에 나가지 않았다. 잠시나마 외출할 때면 아는 사람이라도 만나게 될까 봐 얼른 집에 돌아왔다. 방 안에서 혼자 지내는 시간이 늘어갈수록 '난 실패한 걸까?'라는 자괴감에 시달렸다. 그렇게 나는 세상과 점점 단절되고 있었다.

틈틈이 회사에 지원했지만 번번이 떨어졌다. 입사 시험에 낙방하는 횟수가 많아지자 자존감은 바닥으로 떨어졌다. 그러나 자존감이 바닥을 치고 나자 오기가 생겼다.

'내가 왜 이런 일로 주눅 들어야 하지? 왜 남들의 시선을 의식하며 스스로 불행하게 만드는 걸까? 기죽지 말자. 나의 가치는 오직 내가 정한다!'

생각을 바꾸자 지금 이 상황을 충분히 이겨 낼 수 있을 거라는 자신감이 싹트기 시작했다. 채용공고가 나올 때마다 열심히 도전했다. 공들여 입사 원서를 작성하고 면접에서 나올 만한 질문 리스트를 작성해 정성스럽게 답변을 준비했다. 그러던 중 증권

회사에서 영업직원을 모집한다는 글을 보았다. 영업은 내가 잘할 수 있는 분야가 아니었다. 포기할 것인가, 도전할 것인가. 두 갈래의 갈림길에서 도전을 선택하기로 했다. 원하는 일은 아니었지만 면접을 경험할 수 있는 소중한 기회로 여기고 열심히 입사원서를 작성하고 면접을 준비했다.

면접장에 들어선 순간 팽팽한 긴장감이 느껴졌다. 그동안의 경험으로 봤을 때 면접관에게 잘 보이려고 하면 할수록 실수할 가능성이 높았다. 그래서 최대한 힘을 빼고, 마음을 느슨하게 풀었다. 면접을 보고 나오면서 스스로에게 물었다. '최선을 다했는가?' 대답은 '그렇다'였다. 더 이상 후회는 없었다. 결과는 한 달 후에 나온다고 했다.

2주일쯤 지났을 때 낯선 번호로부터 전화가 걸려왔다.

"여보세요, 여기 한화증권인데요. 저번에 우리 회사에서 시험 봤었죠? 투자전략팀에 결원이 생겨서 한 명을 충원하려고 하는데요. 이번 주 목요일, 투자전략팀 면접에 참석할 수 있나요?"

그렇게 다시 면접을 본 후 담담히 결과를 기다렸다. 결과는 합격이었다. 하루하루 초조함을 견뎌내며 매 순간 최선을 다했던 날들에 대해 보상받는 순간이었다.

누구나 인생에서 어려움을 겪을 때가 있다. 첫 도전에 성공할 수도 있고 실패할 수도 있다. 그러나 실패를 거듭한다고 해서 자기 비하에 빠지거나 자존감이 떨어져서는 안 된다. 이러한 사람은 절대 성공할 수 없다. 실패할수록 더욱 즐거운 마음을 가져야 한다.

발명왕 에디슨은 필라멘트의 재료를 알아내기 위해 무려 1,500번의 실험을 거듭했다. 누군가는 이제 그만하라고 했지만 에디슨은 1,500개의 작동하지 않는 물질을 알아냈다고 기뻐했다. 실패할수록 성공에 한 발짝 다가간 것이기 때문이다. 그러므로 실패하더라도 긍정적으로 생각하고 실패의 원인을 찾아내서 다음 도전에 대비해야 한다. '지금부터가 시작이야'라고 단단히 마음먹고 한 번더 도전을 외쳐야 한다.

합격자 발표 후 신입사원 연수에 참가했다. 연수 과정 중 조별 연극 대회가 있었는데 우리 조는 뮤지컬을 하기로 결정하고 작가, 감독, 배우 등 각각의 역할을 분배했다. 연극에 필요한 물품 조달 및 백업은 내가 담당하기로 했다. 그런데 완성된 대본을 살펴보니 스토리 전개가 매끄럽지 않은 부분이 있었다. 혼자만의 착각일 수도 있었고, 밤을 새워 가며 힘들게 대본을 완성한 팀원들을 생각하면 무턱대고 수정해 달라고 할 수 없었다. 무언가 대책이 필요했다.

그 주 주말, 연수생들에게 집에 다녀올 시간이 주어졌다. 나는 대본을 들고 곧장 교회로 달려가 교회학교 선생님들에게 자문을 구했다. 대본을 보여 주며 부족한 점과 보완해야 할 사항들을 열심히 받아 적었다. 대본에 맞춰 뮤지컬에 들어갈 율동도 즉석에서 지도받았다.

연수원에 복귀한 후 나는 조원들에게 자문받은 내용을 전달해 주었다. 대본작가들은 즉시 대본을 수정했고, 구성원들은 수정된 동작을 익혀 나가기 시작했다.

이튿날 대본작가가 다가와 어렵게 말을 꺼냈다.

"주인공은 소녀인데 작은 체구여야 어울릴 것 같아. 성희 씨가 주인공을 맡아 줘."

낯을 가리는 성격에 쑥스러움도 많이 타는 내가 과연 잘할 수 있을까 고민이 되었다. 하지만 일단 도전해 보기로 했다. 뮤지컬 연기 경험은 전혀 없었지만 어떤 상황이든 후회하지 않을 만큼 최선을 다하고, 결과에 대해서는 연연해하지 않기로 했다. 뒤늦게 역할이 정해진 만큼 맹연습에 돌입했다. 연수가 끝난 후 밤마다 모여 대사를 맞추고 동작을 익히고 노래 연습을 반복했다. 새벽 2시가 넘어서 끝났지만 펄떡이는 물고기처럼 모두들 눈빛이 초롱초롱했다.

드디어 연극을 발표하는 날이 돌아왔다. 시작을 앞두고 심장이 요동치기 시작했다. 눈을 감고 스스로에게 물었다. '여기서 도망갈 거야?' 어디에도 도망칠 곳은 없었다. 팀원들과 함께한 노력과 연습량을 믿기로 했다.

커튼이 서서히 열렸고, 극이 어떻게 끝났는지 모를 정도로 순식간에 태풍이 휩쓸고 지나간 듯했다. 정신을 차리고 보니 뮤지컬이 끝나고 다 함께 무대 인사를 하고 있었다. 그동안의 연습 덕분에 머리와 몸이 자동으로 반응하고 있었던 것이다. 결과는 대성공! 우리 조가 1등을 차지했다.

네잎 클로버의 꽃말은 행운이다. 어린 시절 네잎 클로버를 찾기만 하면 행운이 저절로 따라오는 줄 알았다. 하지만 어른이 되고 나서야 저절로 오는 행운은 없음을 깨달았다. 노력하지 않으면 얻어지는 것은 없었고, 준비하지 않으면 좋은 결과가 나오지 않았다. 그래서 나는 작은 일도 소홀히 여기지 않고 준비했고, 일이 뜻대로 되지 않을 때도 준비하며 기다렸다. 그 결과 서류 광탈, 면접 광탈을 이겨 내며 취직의 기쁨을 누릴 수 있었고, 신입사원 연수에서 조별 연극 1등의 기쁨을 누릴 수 있었다.

사람들은 쉽고 빠른 길만을 가고 싶어 한다. 우연히 시험에 합격하길 원하고, 요행히 사업에서 대박이 나길 바란다. 그러나 쉬운 길에는 언제나 함정이 있다. 쉽게 얻은 성공은 쉽게 무너질 확률이 높다. 인생이 안 풀린다고 불평하며 자신의 삶을 방치하는 사람들은 힘든 상황일수록 묵묵히 다음을 준비하며 기다려야 한다. 그래야만 기회가 왔을 때 기회를 알아보고 붙잡을 수 있다.

행운은 준비된 자에게만 찾아온다. 만일 연속된 취업 실패 속에서 세상을 원망하며 하루하루 의미 없는 날들을 보냈다면 오늘의 나는 없었을 것이다. 증권사 채용 부문이 마음에 들지 않는다고 그냥 지나쳐 버렸다면 어땠을까? 투자전략팀 면접 기회도 없었을 것이고, 애널리스트로서 일할 기회, 신입사원 연수에서 뮤지컬에 도전할 기회, 훗날 인터뷰를 통한 증권시황 방송의 기회도 모두 날아갔을 것이다.

행운이란 내가 만들어 가는 것이다. 차분히 준비하며 때를 기다리고, 기회가 왔을 때 한 번에 잡는 것. 그것이 바로 행운이다.

생각은 단순하게,
가슴은 뜨겁게

이 세상에서 말과 글로 표현할 수 있는
가장 슬픈 단어는 '~했더라면 좋았을 텐데'이다.

– 존 그린리프 휘티어

"여행하며 세계를 마음대로 돌아다니고 싶었어요."

"조금만 더 공부했더라면 내가 원하는 대학에 들어갈 수 있었을 텐데."

"대학 때 영어회화 좀 공부해 놓을걸. 직장에 들어오니 후회되네요."

사람들은 시간이 지나고 나서 항상 과거를 후회한다.

'왜 그것밖에 하지 못했을까', '왜 그땐 좀 더 열심히 하지 않았을까' 그러나 버스는 이미 지나간 뒤다. 시간이 부족해서, 물질이 부족해서 혹은 방해 요인이 많아서 포기할 수밖에 없었다고 스스로를 위로하기 바쁘다. 이런 사람들은 생각만 많고 행동력은 부족하다. 생각이 많아질수록 부정적인 감정들이 둥지를 틀고 '어쩔 수 없었어', '지금은 안 돼'라고 변명하기에 급급하다. 이때 필요한 것은 생각하기를 멈추고 당장 실행에 옮기는 것이다.

신입사원 연수가 끝난 후 사내 방송사에서 인터뷰 요청이 들어왔다. 연수 기간 동안 깨달은 점, 뮤지컬을 준비하며 느낀 점, 앞으로의 회사 생활에 대한 각오 등을 밝히며 인터뷰를 마쳤다.

투자전략팀에 정식으로 출근하기 전, 회사에서 다시 한 번 면접을 보자고 했다. 2층에 마련된 방송팀 문을 열고 들어가자 인사팀 상무님을 비롯해 팀장님과 과장님이 서 계셨다. 영문을 몰라 어리둥절한 내게 방송팀 팀장님은 "부스에 들어가 원고를 읽어 보세요."라고 말했다. 방송 부스 안 데스크 위에는 A4 용지 한 장의 원고가 놓여 있었다. 원고를 다 읽고 나자 유리창 너머로 임원 분들이 상의하는 모습이 보였다. 잠시 후 팀장님이 증권시황 방송을 할 수 있겠느냐고 물었다.

증권시황 방송이란 지상파 뉴스에서 그날의 증권 소식을 전달하는 것으로 아침과 저녁, 하루에 두 번 방송한다. 아침에는 주식시장 개장 상황을, 저녁엔 하루 동안 주식시장이 어떻게 변화했는지 요약해서 전달하는 것이다. 당시 총 3명이 시황 방송을 담당하고 있었는데 한 명이 더 필요한 상황이었다. 그러던 중 상무님이 연수 소감을 인터뷰했던 나를 방송에서 보고 원고 리딩을 시켜 본 것이다.

순간 머릿속이 복잡해졌다. 대본 작성하는 법도 모르고, 메이크업과 의상 준비를 어떻게 해야 할지 난감했기 때문이다. 하지만 첫 회사생활을 "안 되겠습니다.", "못 하겠습니다."라는 부정적인 말로 시작할 수는 없었다. 더욱이 훗날 '그때 해 볼걸' 하며 후회하기는 싫었다. 나는 긍정적으로 생각하기로 했다. 부족한 점은 노력으로 채우면 될 것이었다. 그것이 나를 믿고 뽑아 준 분들에 대한 예의라는 생각이 들었다. 나는 대답했다. "네! 해 보겠습니다!"

애널리스트라는 직책과 더불어 증권시황 방송을 맡으면서 새벽 4시 30분에 기상해야 했다. 아침에 일어나 머리와 의상을 준비하고 5시 30분쯤 집을 나섰다. 6시 30분까지 출근한 후 투자 전략팀 업무와 잔업들을 처리했다. 방송 시간이 다가오면 방송 원고도 준비해야 했다. 처음엔 누군가 써 준 원고를 카메라 앞에서 읽기만 하면 되는 줄 알았다. 초보니까 그 정도 배려는 해 주겠거니 생각했다.

그러나 현실은 냉정했다. 바쁜 직장생활 속에서 다른 사람의 일을 대신해 줄 사람은 없었다. 자신에게 할당된 일은 온전히 스스로 해내야만 했다. 방송 날짜가 다가올수록 원고 작성에 대한 부담감은 커져만 갔다. 부담감을 이겨 내기 위해서는 계속해서 원고를 써 보는 수밖에 없었다. 원고를 작성해 시황 방송을 하는 상사에게 점검을 받아 수정을 거듭했다. 방송 시작 30분 전까지 고치고 또 고쳤다. 그렇게 해서 첫 방송을 무사히 마칠 수 있었다.

사람이 예상치 못한 상황에 부딪히면 마음속에서 갈등이 일어나기 마련이다. 정면 돌파할 것인가, 피해 갈 것인가. 2가지 갈림길에서 고민에 빠진다. 정면 돌파를 선택하는 사람은 쓸데없는 생각을 하지 않는다. 쓸데없는 생각이란 무의미한 걱정을 의미한다. 《느리게 사는 즐거움》의 저자 어니 젤린스키는 걱정에 대해 이렇게 말했다.

"우리가 하는 걱정의 40퍼센트는 절대 일어나지 않을 사건들에 대한 것이고, 30퍼센트는 이미 일어난 사건들, 22퍼센트는 사소한 사건들, 4퍼센트는 우리가 바꿀 수 없는 사건들에 대한 것들이다. 나머지 4퍼센트만이 우리가 대처할 수 있는 진짜 사건이다."

즉 96%의 걱정은 쓸데없는 걱정들인 셈이다. 생각이 많은 사람은 끊임없이 염려하고 타인의 시선에 민감하게 반응한다. '이 일을 성공할 확률은 얼마인가?', '실패하면 어떻게 하지?', '다른 사람이 나를 어떻게 생각할까?'라고 말이다. 반면 생각하는 시간을 줄이고 기꺼이 도전에 응했던 사람은 경험이라는 소중한 자산을 통해 삶의 지경을 차츰 넓혀 나간다. 그들은 결과가 어떻든 지나간 시간을 결코 후회하지 않는다. 생각이 단순하고 가슴속 열정이 뜨거울수록 후회는 줄어들고 경험, 노하우, 지혜라는 삶의 보물을 얻을 수 있기 때문이다.

생각은 단순하게 하는 것이 좋다. 그러기 위해서는 생각을 버리고, 비우고, 내려놓는 것이 필요하다. 생각이 꼬리를 물고 부정적인 생각이 이어진다면 당장 생각하기를 멈춰야 한다. 생각이 많을 땐 볼펜을 집어 들고 종이에 적어 보는 것이 좋다.

- 이 일을 하면 어떤 이점이 있는가?
- 이 일을 하면 무엇을 포기해야 하는가?
- 감수할 것과 이점 중에서 어느 것이 효용이 더 큰가?
- 이 일이 가져올 긍정적인 영향은 무엇인가?

도전을 앞두고 망설이는 이유는 걱정이 많기 때문이다. 걱정의 대부분은 일어나지 않을 일을 미리 지레짐작하기 때문에 발생한다. 불필요한 상상이나 공상, 불안과 게으름이 마음속에 갈등을 유발하고 행동을 주저하게 만든다. 걱정이 많은 사람은 성공하기 힘들다. 성공은 행동을 통해 얻을 수 있는 것이지, 생각만으로는 얻을 수 없기 때문이다.

누구나 어려움에 직면할 때가 있다. 부딪칠지 피할지는 오로지 자신에게 달려 있다. 도전하는 삶에는 위험이 따르고 회피하는 삶에는 안전이 따른다. 그러나 오늘 안전하다고 해서 내일도 안전하리라는 보장은 없다. 위험해질 걱정을 버리고 기꺼이 도전에 응한 사람은 비록 오늘은 거친 파도를 헤치고 위험한 바다를 건너야 하지만 내일은 풍랑이 잦아든 안전한 물결 위에 있을 것이다.

영국의 시인인 로버트 브라우닝은 후회 없이 사는 삶에 대해 이렇게 말했다.

"인생의 마지막에 가서 해야 할 일을 하지 않은 후회야말로 우리를 비탄과 절망의 심연에 빠지게 한다. '했더라면'보다 '했지'가 많아지도록 하자. 어떠한 경우라도 비탄과 절망에 빠지지 말자. 끝까지 최선을 다하고 겸허히 평가를 기다리자."

걱정을 버리고 자신의 선택에 최선의 노력을 쏟아부은 사람은 어떤 결과를 맞이하든 지나간 시간에 대해 후회하지 않는다. "그때 그걸 했더라면 지금 이런 모습이 되지는 않았을 텐데.", "다시 돌아간다면 그러지 않을 텐데."라며 푸념 섞인 말을 하지 않는다. 그러므로 후회 없는 삶을 살기 위해서는 걱정을 줄이고 지금 당장 실행에 옮겨야 한다.

나는 신입사원으로서 투자전략팀 업무와 증권시황 방송을 병행하는 동안 심리적인 압박감에 시달렸다. 새벽 4시 반에 일어나 출근 준비를 하고 저녁 늦게까지 야근하는 날들이 계속되면서 심신의 긴장감은 극에 달했다. 게다가 머리, 메이크업, 의상, 원고 준비까지 혼자서 하다 보니 마음고생도 심했다. 돌이켜 보면 부족한 점투성이였다. 그러나 지금 후회는 하지 않는다. 당시 상황에서 나는 후회 없을 만큼의 최선을 다했고 날마다 조금씩 더 성장하기 위해 노력했기 때문이다.

생각을 단순하게 해야 한다고 해서 무조건 짧은 시간 내에 결단을 내리라는 말은 아니다. 일을 하기 전에는 충분히 심사숙고하는 시간을 거쳐야 한다. 심사숙고의 시간은 행동으로 옮기는 데 필요한 마중물을 붓고 어떤 일이 있어도 포기하지 않도록 자신을 설득하는 시간이다. 그러므로 생각의 시간을 충분히 갖되 도전을 머뭇거리게 하는 걱정과 잡념은 빨리 버려야 한다. 그것만이 생각을 단순화하고 가슴을 뜨겁게 만들 수 있다.

10년 후의 나는
지금의 내가 결정한다

행동을 뿌리면 습관을 거두고,
습관을 뿌리면 성격을 거두고,
성격을 뿌리면 운명을 거둔다.

– G.D. 보드맨

대학에서 경영학을 전공하면서 교수님들이 강조하신 점이 있다. 바로 '자발적인 사람이 되라'는 것이다. 자발적인 사람이란 시키는 대로 주어진 일만 하는 수동적 인간에서 벗어나 관심 분야를 찾고 스스로 동기부여하며 적극적으로 일을 찾아서 하는 사람을 의미한다. 꿈과 비전이 명확한 사람, 신념에 따라 기꺼이 남과 다른 길을 가는 사람, 적극적으로 일을 기획하고 이루어 가는 사람, 하나의 일도 멋지게 해내는 사람, 실패해도 툭툭 털고 일어나는 사람이 모두 자발적인 사람들이다. 그 가르침이 너무 좋았던 나는 지금까지도 교수님들의 말씀을 마음속에 새기고 실천하기 위해 노력하고 있다.

증권회사에 입사한 지 얼마 지나지 않았을 때였다. 나는 상사에게 리포트의 주제를 제안하는 내용의 기획서를 작성해 제출했다. 누구도 기획서를 제출하라고 시킨 적은 없었다. 단지 교수님의 가르침을 실천하기 위해 자발적으로 조사해서 제안했던 것이다. 기획서를 넘겨 보던 상사는 잠시 후 "이건 쓰레기야!"라며 바닥에 집어던졌다. 문득 TV 속 드라마에서 보던 장면이 생각났다. 상사가 부하 직원의 제안서를 집어던지며 불같이 화를 내고, 부하 직원은 바닥에 주저앉아 눈물을 삼키며 주섬주섬 종이를 모으는 장면이었다. 순간 이것이 현실인지 드라마 장면인지 구분되지 않았다. 그러나 정신을 차려 보니 냉정한 현실이었다. 나는 바닥에 내동댕이쳐진 제안서를 주워 들고 자리에 돌아왔다. 내가 할 수 있는 일이라곤 마음을 가다듬고 다시 일에 복귀하는 것뿐이었다.

오후가 되자 상사가 기획서를 다시 보여 달라고 했다. 책상 한편에 놓인 기획서를 조심스럽게 건네자 상사는 빠른 속도로 넘기더니 다시 한 번 "이건 쓰레기야!"라고 큰소리로 외치고는 불같이 화를 내며 나가 버렸다. 상사의 행동이 이해가 되지는 않았지만, 그저 '내가 아직 초보이고 아이디어가 많이 부족해서 상사가 화가 났나 보다'라고 생각할 뿐이었다.

자존심이 구겨질 정도로 혹독한 비판을 받았다면 과연 어떻게 행동해야 할까? 2가지 선택의 길이 있다. 하나는 자존심이 상하고 기가 죽어서 다음부터 절대 제안하지 않는 것이다. 그러나 이것은 좋은 습관을 송두리째 뽑아 버린다는 문제점이 있다. 다른 하나는 자료를 더욱 철저히 조사해 깔끔하고 일목요연한 기획서를 만드는 것이다. 나는 후자를 선택하기로 했다. 처음 시도하는 일은 언제나 실수투성이고 부족하기 마련이다. 첫 시도가 바위에 던져진 계란처럼 산산조각 났다고 해서 절대 좌절해서는 안 된다. 낙심에 빠져 있는 사람에게 발전이란 없다. 욕을 먹고 자존심이 상하는 일이 있더라도 훌훌 털고 일어나 도전해야 한다.

첫 제안서를 혹독하게 거절당했지만 나는 결코 포기하지 않았다. 나에겐 아직 사물을 볼 수 있는 시력, 열심히 뛸 수 있는 발, 읽고 이해하는 능력이 있었다. 그걸로 충분했다. 다시 발로 뛰며 자료를 조사해서 기획서를 만들어 내면 되는 일이었다. 회사를 나오기 전까지 나는 계속해서 투자전략 논문과 책을 읽었다. 주제를 찾기 위해 관련 서적을 뒤지고 도서관을 훑고 다녔다. 가능한 주제를 선별해 기획서를 작성했고 결국에는 채택되었다.

스스로 동기부여를 해서 능동적인 사람이 되기로 한 것은 한의대를 다닐 때도 마찬가지였다. 한의대 본과 3학년 때 실제 기업을 견학할 기회가 있었다. 기업은 학생들을 초청해 미래의 인재들에게 자신의 회사를 알리는 기회로 삼았고, 학생들에게는 자신의 전공이나 관심 분야가 실제로 기업에서 어떻게 수행되고 있는지 체험할 수 있는 소중한 기회였다. 나는 한방 건조 엑스제를 생산하는 제약 회사를 선택해 엑스제가 만들어지는 과정을 체험해 보기로 했다. 건조 엑스제란 56가지의 대표적인 한약 처방을 달여서 수분을 증발시킴으로써 탕약을 가루로 만든 것이다. 훗날 개원하면 엑스제를 사용할 것이므로 어떤 과정을 거쳐서 만들어지는지 꼭 보고 싶었다.

같은 기간 동안 다른 학과 학생들도 실습에 동참했다. 하지만 학생들의 얼굴에는 지루한 표정이 역력했다. 필수 과목으로 지정되어 있어서 학점을 위해 의무적으로 실습에 참가한 모양이었다. 그들의 얼굴에는 '방학 때 뭐 이런 것까지 해야 하나'라는 불만 섞인 표정이 가득했다. 하나라도 보고 배우기보다는 모여서 이야기를 하거나 빨리 집에 가기만을 바랐다. 하지만 해당 기업을 선택한 것은 각자의 결정이었고 그 시간을 의미 있는 시간으로 만드는 것도 온전히 자신의 몫이었다.

나와 조원들은 출근 시간인 8시 30분보다 20분 정도 먼저 도착해 바닥을 닦고 실험기기들을 청소하는 것으로 하루를 시작했다. 용매의 양을 계산해 준비하고, 한약재들을 흰색 포에 담아 나누었다. 대용량으로 제조하기 때문에 한 번에 달이는 한약재의 양이 많아서 무거웠다. 불만이 나올 법도 했지만 새로운 것을 체험해 가는 과정이 너무 즐거워서 나는 불평 한마디 하지 않았다.

제약사에서 사용하는 탕전기와 추출기는 한의원에서 사용하는 것과는 달랐다. 신기한 마음에 이곳저곳을 기웃거리자 나의 호기심과 궁금증을 알아본 직원이 기계에 대해서 자세히 설명해 주었다. 한 번 약을 달이고 나면 연구실이 뜨거운 증기로 가득 차서 숨이 막혀 왔다. 하지만 하나라도 알고 싶어 하는 나의 열정을 높이 산 탓인지 그 직원은 짜증 내지 않고 오히려 적극적으로 설명해 주었다. 직접 의자 위에 올라서서 투명한 유리창 너머로 추출 과정을 하나하나 설명해 줄 정도였다.

자발적인 사람들은 명확한 목표를 설정하고 의미 있는 행동들로 시간을 채워 나간다. 모든 행동은 목표를 이루기 위한 행동이며 목표와 상관없는 무의미한 행동은 하지 않는다. 쓸데없는 잡담이나 행동으로 시간을 낭비하지 않는 것이다. 또한 자발적인 사람들은 호기심이 많다. 궁금하면 직접 가서 물어보고 귀를 기울여 겸손하게 경청한다. 무엇이든 배우려는 자세로 열심히 질문하고 경청하는 사람에게 가르침을 주지 않는 사람은 없다. 그래서 이들에게는 올바른 방향으로 이끌어 주고 힘들 때 응원해 주는 자발적 스승들이 많다.

성공을 원하는 사람들은 운명론 속에 자신을 가둬서는 안 된다. 영국의 소설가 찰스 리드는 운명에 대해 "생각은 곧 말이 되고, 말은 행동이 되며, 행동은 습관으로 굳어지고, 습관은 성격이 되어 결국 운명이 된다."라고 말했다. 운명이란 자신의 생각, 말, 성격, 행동이 불러오는 결과다. 운명은 정해진 것이 아니다. 나의 생각을 바꾸고 습관을 바꾸면 운명도 달라지기 때문이다.

인생이 바뀌기를 원한다면 지금 나의 태도를 바꿔야 한다. 10년 후에 열정과 에너지가 넘치는 사람이 되기를 바란다면 오늘부터 열정과 에너지를 가진 사람이 되어야 한다. 삶의 태도는 한순간에 결정되는 것이 아니다. 태도란 현재 선택의 총계다. 지금 긍정적인 사람이 10년 후에도 긍정적인 사람이 될 수 있고, 지금 자발적인 사람이 10년 후에도 자발적인 사람이 될 수 있다. 미래의 모습은 오늘의 선택으로 이루어진다. 그러므로 10년 후에 이루고 싶은 모습이 있다면 오늘부터 가꿔 나가야 한다.

미래를 조각할 끌과 정은 이미 당신의 손 안에 있다. 10년 후, 20년 후, 30년 후 자신의 모습을 그려 보자. 좀 더 정교하게 그려 보고 색도 입혀 보자. 밑그림이 완성되었다면 이제 삶을 아름답게 조각하는 일만이 남아 있다. 조각하는 일이 결코 쉽지 않다. 큰 끌과 정으로 많은 부분을 깎아 내느라 온몸이 상처투성이가 되기도 하고, 작은 끌과 정으로 미세하게 다듬어 나가느라 고도의 집중을 한 탓에 쉽게 피로해지기도 한다. 10년 후를 바라보며 미숙한 점이 발견되면 보완하고, 틀린 점이 있으면 지금 이 순간부터 고쳐 나가자. 미래의 내 모습은 바로 오늘의 나로부터 시작된다.

걱정만으로는
아무것도 할 수 없다

좌절과 시련에 쓰러지면 고통이 되지만,
그것을 지팡이 삼으면 정상에 오르는 도구가 된다.

– 김홍신

나의 예전 직업은 퀀트 애널리스트였다. 퀀트 애널리스트란 대형 기관 투자자들을 대상으로 과거 주식 데이터들을 분석해 투자 전략을 도출하거나 투자 아이디어를 수립해서 보유수익률을 계산한 후 이를 미래 투자 전략에도 응용할 수 있도록 하는 직업이다.

분석 대상은 주식시장에 상장된 전 종목이다. 하지만 수익률과 더불어 안전성도 고려해야 하는 기관 투자자들을 위해서 우량주 위주로 전략을 세운다. 우량주라고는 하지만 수백 개 주식의 연, 월, 일, 시간, 분, 초 단위 자료들을 분석하기 위해서는 프로그래밍 실력을 갖추는 것이 좋다. 그러나 대학원을 졸업하기 6개월 전까지만 해도 나는 프로그래밍이 무엇인지 전혀 알지 못했다. 나에게 컴퓨터란 단순히 인터넷과 문서 작성을 위한 도구일 뿐이었다.

대학원 마지막 학기를 앞두고 논문을 작성할 시기가 다가오자 거대한 벽 앞에 서 있는 것 같았다. 그즈음 학교에서 SAS(Statistical Analysis System, 통계분석시스템) 프로그래밍 강좌가 열린다는 소식이 들려왔다. 주식 데이터를 처리하기 위해서는 프로그래밍 실력을 쌓아야 했다. 나는 일말의 망설임도 없이 당장 등록했다. 그러나 시간이 지날수록 고민이 깊어졌다. 수업을 들으면서 프로그래밍을 어떻게 해야 하는지 대략적인 내용은 알 수 있었지만, 하나의 주제에 대해 처음부터 끝까지 코드를 짜기에는 무리였기 때문이다.

드디어 1차 논문 심사 기간이 다가왔다. 주제조차 정하지 못하고 방황하던 내게 지도교수님은 "계속 이러면 졸업은 물 건너간 줄 알아!"라며 따끔한 일침을 놓으셨다. 다시 논문을 읽고 힘들게 주제를 선정했다. 선정된 주제를 보고 교수님은 "이거 할 수 있겠어?"라며 걱정 어린 눈빛을 보냈다. 마지막 논문 심사까지 한 달 반의 시간이 남아 있었다.

우선 SAS 프로그램과 관련된 책을 모두 모으기로 했다. 도서관에서 빌리고, 서점에서 구입해 시중에 나와 있는 책을 모조리 수집한 뒤 책상 옆에 쌓아 두었다. 그리고 책상 앞에 앉아 프로그래밍과의 전쟁을 시작했다. 한 줄의 코드를 작성한 후 데이터를 실행시켜 보고, 실행이 안 되면 원인을 분석했다.

코드 한 줄을 실행시키기 위해 8시간 이상이 걸린 적도 있었다. 그야말로 자신과의 싸움이었다. 마침표 하나 때문에 코드가 실행되지 않을 때는 허탈감에 빠지기도 했다. 프로그램 한 줄을 완성하기 위해 수십 권의 책을 뒤져 보고, 실행시키고, 분석하는 생활이 반복되었다. 방 안의 커튼을 닫아 놓고 프로그래밍에만 집중하느라 해가 떴는지 달이 떴는지 모를 지경이었다. 식사하는 시간조차 아까워 모니터 앞에서 컵라면을 먹으며 코드를 작성했다. 세수하는 것은 사치였고, 친구들과의 만남은 꿈조차 꿀 수 없었다. '여기에서 무너지면 모든 것이 무너진다. 꼭 성공하겠다'라는 다짐뿐이었다.

뜨거워진 머리를 식히기 위해 잠깐 산책하는 순간에도 머릿속은 온통 프로그래밍 생각뿐이었다. 다음 줄은 어떻게 코드를 작성해야 할지, 결과가 나오면 데이터를 어떤 방식으로 처리해야 할지 구상했다. 그렇게 한 달 반을 밤낮없이 매달린 끝에 드디어 A4 용지 60장 분량의 코드를 작성하고 무사히 논문을 마칠 수 있었다.

살다 보면 앞이 막막할 때가 있다. 사방이 자욱한 안개로 둘러싸여 한 치 앞도 보이지 않는 것이다. 이런 곳을 지나는 방법은 딱 한 가지다. 겁먹지 말고 한 번에 한 걸음씩만 내딛는 것이다. 시야가 보이는 대로 한 걸음씩 꾸준히 내딛다 보면 어느덧 시간이 지나 아침이 되고 안개는 걷힌다. 두세 걸음 앞이 보이지 않는다고 겁먹거나 그 자리에 주저앉아서는 안 된다. 사방이 적막한 곳에 주저앉아 머물러 있으면 공포감만 밀려올 뿐이다. 조바심을 내는 것도 금물이다. 가시거리보다 큰 걸음으로 성큼성큼 나아가다가 돌부리에 걸려 넘어질 수도 있고, 낭떠러지 밑으로 떨어질 수도 있기 때문이다. 마음속 의심을 가라앉히고 천천히 한 걸음씩 나아갈 때, 비로소 앞이 보이지 않던 길도 자신을 드러내 보이기 시작한다.

아침부터 부서가 바쁘게 돌아가던 날이었다. 그날따라 상사가 지시한 일이 계획대로 잘 진행되지 않았다. 게다가 증권시황 방송까지 해야 하는 날이었다. 상사는 지시한 일이 끝날 때까지 나를 방송실로 보내지 않았다. 다행인 점은 방송 원고를 이미 작성해 놓아서 머리와 메이크업만 준비하면 되는 상황이었다. 방송 시작 20분 전까지 내려가지 않자 방송실 과장님이 전화기에 불이 나도록 전화를 했다.

간신히 상사의 허락을 얻은 후 부리나케 방송실로 달려갔다. 출근 전에 세팅기로 말아 놓은 터라 스프레이만 뿌려 머리를 고정시키고, 초스피드로 화장을 마친 후 데스크 앞에 앉았다. 미처 숨을 고르기도 전, 방송팀 과장님이 문을 박차고 들어왔다.

"큰일 났어! 지금 입고 있는 옷 색깔이 뒤에 있는 크로마키(텔레비전의 화상합성을 위한 특수기술) 색과 비슷해서 성희 씨 얼굴만

둥둥 떠 있는 걸로 나와. 빨리 옷 바꿔 입어야 돼!"

당시 입고 있던 재킷이 회색 바탕에 파란색이 아주 조금 섞여 있어서 문제없을 거라 생각했는데 그게 아니었던 것이다.

방송 시작 7분 전이었다. 여기서 방송을 내보내지 못하면 대형 사고일 뿐만 아니라 기업 이미지가 실추될 상황이었다. 반드시 옷을 마련해야 했다. 나는 이야기를 듣자마자 바로 뛰어나갔다. '옷을 구하지 못하면 어쩌지'라는 생각은 하지 않았다. 무조건 옷을 마련하겠다는 다짐뿐이었다. 아무래도 익숙한 곳이 나을 것 같아 근무 터전인 8층으로 향했다.

'침착하자. 어딘가에 꼭 있다!'

엘리베이터를 나서자마자 매의 눈으로 옷을 찾기 시작했다. 순간 초록색 재킷이 눈에 들어왔다. 그 사람에게 양해를 구하고 강탈하듯 거의 반강제적으로 재킷을 벗겨서 방송실로 돌아왔다. 데스크 앞에 앉아 시간을 보니 방송 시작 1분 전이었다. 원고 한 번 제대로 읽어 보지 못했는데 숨은 턱 끝까지 차올랐다. 극도의 긴장으로 이빨이 부딪치며 떨렸다. 냉정을 되찾아야 했다. 호흡을 크게 들이마셨다가 천천히 내뱉으며 정신을 집중했다.

"성희 씨, 준비해요. 방송 시작 10초 전… 3초 전… 큐!"

"오늘의 증권 시황을 말씀드리겠습니다."

그날 내가 어떻게 방송을 마쳤는지는 기억나지 않는다. 다만 다른 날보다 더 집중해서 평온하게 전달하려고 노력했을 뿐이었다.

티베트 속담에 "해결될 문제라면 걱정할 필요가 없고, 해결이 안 될 문제라면 걱정해도 소용없다."라는 말이 있다. 걱정해 봐야 소용없다는 말이다. 긴박한 상황에서 필요한 것은 단순함이다. 제한된 시간 앞에서 초조한 마음으로 아무리 발을 동동 굴러도 해결책은 나오지 않는다. 긴박한 상황에서는 걱정은 미뤄 두고 오로지 '해내겠다!'는 마음으로 용수철처럼 뛰어나가는 자세가 필요하다.

걱정의 대다수는 현실에서 일어나지 않는다. 걱정은 두려움이자 변화를 거부하는 데서 발생한다. 많은 사람들이 변화를 상실이라고 여기고 불안함을 느낀다. 그러나 변화란 나의 한계를 시험해 보고 나를 혁신할 수 있는 좋은 기회다.

살아가다 보면 눈앞이 캄캄하고 암담한 상황에 맞닥뜨릴 때가 있을 것이다. 그러나 지나친 걱정은 자신의 건강만 해칠 뿐이다. 근심과 걱정으로 잦은 한숨을 쉬고, 고통스러운 불면의 밤을 보내며, 맛있는 음식을 먹어도 소화를 못 시키고 건강까지 망치는 사람들이 많다. 적당한 걱정은 나를 발전시키지만, 지나친 걱정은 현재뿐만 아니라 미래까지 망칠 수 있다. 두려움에 떨고 있다면 이제는 인정해야 한다. 두려움이 클수록 눈부신 혁신이 필요한 시기라는 것을 말이다.

혁신에 필요한 것은 걱정이 아니라 실행이다. "나는 하는 일마다 실패만 해.", "난 절대 일등을 할 수 없어.", "이 일은 불가능한 일이야."라는 말로 자신을 주저앉히는 사람들이 있다. 엄청난 가능성이 자신 안에 숨어 있다는 것을 알지 못하고 어리석게 '할 수 없다'는 마법을 걸어 버리고 만다. '할 수 없다'라고 생각하면 정말 할 수 없다. 반대로 '할 수 있다'라고 생각하면 신기하게도 해내게 된다.

현대그룹의 창업자 고(故) 정주영 회장은 평생 동안 할 수 없다는 생각을 해 보지 않았다고 한다. 직원들이 "회장님, 그건 도저히 불가능합니다."라고 말하면 그는 오히려 "해 보기는 했나?"라고 반문했다. 결국 시도도 해 보지 않고 포기했던 직원들은 그에게 다시는 불가능하다는 말을 하지 않았다. 걱정만으로는 아무 것도 할 수 없다. 문득 걱정이 앞선다면 스스로에게 물어보자.

"해 보기는 했어?"

현실을 핑계로
꿈을 놓지 마라

누구나 자기가 원하는 일만 할 수는 없다.
그러나 분명한 사실은 우리의 모습은
우리 자신의 책임이라는 것이다.

– 장 폴 사르트르

2014년 11월 13일, 2015학년도 대학수학능력시험이 치러졌던 날이다. 며칠 전만 해도 따뜻했던 날씨가 갑자기 추워지며 어김없이 수능 한파를 실감케 했다. 그해 수능시험은 나에겐 특별한 경험으로 남아 있다.

시험일이 다가오자 예비수험생인 지인의 딸에게 합격 엿을 보내 주기 위해 전화를 걸었다.

"언니, 안녕하세요? 저 성희예요. 잘 지내셨어요?"

"오랜만이네. 잘 지냈어?"

"네, 잘 지내고 있어요. 지은이 이번에 수능시험 보지요? 시험 잘 보라고 엿이랑 초콜릿을 보내 주려고 하는데 주소가 어떻게 돼요?"

"우리 지은이 이번에 시험 안 봐. 재수학원 다닌 지 두 달 만에 힘들어서 포기했어. 그러면서 하는 말이 자기도 나중에 성희 언니처럼 서른 살 넘어서 하고 싶은 거 할 테니까 지금은 자기한테 아무 말 하지 말래. 지은이가 저러는 건 다 성희 씨 탓이니까 책임져."

언니의 한탄 섞인 농담을 웃어넘기면서도 마음 한구석에는 안타까움이 밀려왔다. 삼십 대의 나이에 한의대에 다닌다고 하면 사람들의 반응은 2가지였다. 하나는 "여자가 시집이나 가지." 혹은 "요즘 한의원들 불경기라는데."라며 걱정하는 척하면서 깎아내리는 것이고, 다른 하나는 꿈을 좇으며 사는 모습이 부럽다는 것이다. 그러나 나도 꿈을 찾는 과정이 쉽지만은 않았다. 하고 싶은 일을 찾기까지 수없이 넘어지고 실패했다. 때로는 자존심이 상할 만큼 밑바닥도 기어 봤고, 너무 힘들어서 주저앉아 목 놓아 울기도 했다. 그래도 다시 일어나 부딪쳐 이겨 냈다. 늦은 나이에 시작된 기나긴 한의대 생활을 즐겁게 받아들일 수 있었던 것은 연단의 시간을 거치고 발견해 낸 소중한 꿈 덕분이었다.

증권회사에 입사한 지 6개월 즈음, 그날도 어김없이 야근이 이어졌다. 지친 몸을 이끌고 집에 돌아와 세수를 하려는데 갑자기

코에서 뜨거운 액체가 흘러내렸다. 거울을 보니 코피였다. 처음엔 그저 멍하니 세면대에 붉게 퍼져 나가는 핏방울들을 보고만 있었다. '회사에 들어온 지 6개월밖에 안 됐는데 벌써 체력이 바닥난 건가'라는 생각도 들었지만 '회사 생활을 하면 누구나 한 번쯤 코피는 흘려 보는 거잖아'라며 대수롭지 않게 넘어갔다.

다음 날 깜깜한 새벽하늘을 바라보며 출근길에 나섰다. 평소처럼 업무를 끝내고 자리에서 일어서려는 순간 머리가 핑 돌아 힘없이 의자에 주저앉았다. 코에서 또 무언가가 흘러내렸다. 날씨가 추워서 콧물이 나온 줄 알았는데 코피였다. '또 흘렀네' 아무 일 없다는 듯이 화장지로 코를 틀어막고 계속 일을 했다.

상사에게 중간 점검을 하고 자리에 돌아오던 중, 또다시 코피가 흘렀다. 오후만이라도 잠시 쉬고 싶었다. 하지만 빡빡한 일정 속에 혼자 쉴 수만은 없었다. 결국 이틀 동안 네 번의 코피를 쏟고 나서야 겨우 코피가 멈추었다. 이것이 나의 꿈을 찾게 만든 계기가 되었다.

나는 퀀트 애널리스트, 증권시황 방송, 경제신문사 칼럼 연재 등 입사 후 단시간 내에 강도 높고 책임이 큰 일들을 맡아 열정적으로 최선을 다했다. 그러나 치열하게 일한 결과 건강에 적신호가 켜졌고, 건강에 관심을 돌리면서 한의사의 길에 도전장을 내밀게 되었다. 만일 직장에서 대충 일하고 편히 지냈다면 건강을 잃을 일도, 진정으로 좋아하는 일도 찾을 수 없었을 것이다. 오늘 하루 편안하게 살면서 꿈을 찾기를 바라서는 안 된다. 꿈을 찾기 위해서는 간절한 마음으로 치열하게 노력해야 한다.

몇 해 전 페이스북에 올라온 사진 한 장이 많은 사람들을 감동시킨 적이 있다. 사진 속 소년은 주워 온 나무 책상에 앉아 맥도날드의 희미한 가게 불빛에 의지해 공부하고 있었다. 필리핀 세부 섬에 사는 소년의 이름은 다니엘 카브레라. 소년은 가난한 가정 형편과 홀어머니 밑에서도 경찰이 되고 싶다는 꿈을 놓지 않았다. 6년 전 화재로 집을 잃은 소년은 어머니가 일하는 편의점에서 지내며 맥도날드 매장 앞을 공부방 삼아 꿋꿋이 공부했다. 카브레라의 사연을 접한 사람들은 학용품, 기부금, 대학 장학금 등을 후원하며 소년의 꿈을 응원했다. 많은 사람들이 카브레라를 응원한 이유는 어린 나이에도 가난과 화재, 편부모라는 현실을 원망하지 않고 꿈을 향해 전진하는 소년의 모습이 대견스러워서였다.

현실을 핑계로 꿈꾸는 것 자체를 포기하는 사람들이 많다. 그들은 돈이 없어서, 인맥이 없어서, 시간이 없어서, 나이가 많아서, 세상이 부패해서 성공할 기회가 없다고 핑계 삼는다. 이런 사람들은 오로지 갑질논란, 울혈(鬱血)사회, 열정페이, 고용절벽, 소득불평등, 양극화, 자살, 계층고착사회 등의 암울한 단어들에만 주목한다. 그러나 현실을 핑계 대지 않는 사람들은 암울한 상황에서도 꿈을 꾼다. 성공의 기회를 포착하고 도움이 필요한 사람에게 기꺼이 손 내밀며 따뜻한 사회를 만든다. 양극화가 심해지고 중산층이 무너진 상황에서 꿈이 없는 사람들은 더러운 사회, 망할 대한민국이라고 욕하지만, 꿈이 있는 사람들은 가벼워진 호주머니에서 돈이 덜 나가도록 공유 소비 사업의 기회를 만들어 내고, 소비자들이 절약하면서도 기분 좋게 소비할 기회를 만들어 준다.

현실을 핑계 삼지 않고 도약하기 위해서는 다음과 같은 3가지가 필요하다.

첫째, 꿈이 명확해야 한다. 꿈을 어떻게 찾아야 할지 모르겠다고 호소하는 사람들이 많다. 나는 그럴 때마다 "가서 부딪쳐 보세요. 하고 싶은 일이 있다면 직접 곁에서 지켜보세요. 경험해 보세요."라고 말한다. 자녀를 한의사로 키우고 싶은데 어떻게 하면 되느냐는 질문을 종종 받는다. 아이가 지금 당장 침을 놓고, 한약을 처방할 수는 없다. 그러나 한의원에 가서 한의사 선생님이 어떤 일을 하는지 지켜볼 수는 있다. 침을 무서워하고 한약 냄새를 싫어하는데 한의사가 될 수는 없는 노릇이다.

하고 싶은 일이 있다면 직접 가서 옆에서 지켜보거나 상황이 허락된다면 체험해 보는 것이 좋다. 하나둘씩 체험하면서 자신이 어떤 일을 했을 때 즐겁고 보람을 느끼는지, 어떤 일에 흥미를 갖는지 마음의 소리에 귀를 기울여야 한다.

둘째, 시작할 동기를 만들고 즉각 실행에 옮겨야 한다. 앤서니 라빈스는 그의 저서 《네 안에 잠든 거인을 깨워라》에서 시작할 계기를 만들기 위해서는 "먼저 목표를 종이에 적고, 어떤 형태든 그것을 이루기 위한 긍정적인 행동을 바로 취하지 않고는 그 자리를 떠나지 말라."고 조언한다.

한의사가 되겠다는 꿈을 가진 사람은 한의대에 입학해야 한다. 한의대에 들어가기 위해서는 수능 과목을 공부하고 적절한 수능 점수를 확보해야 한다. 그러기 위해서는 오늘 해야 할 공부량을 체크하고 공부에 먼저 시간을 할애해야 한다. 친구들과 수다를 떨고, 휴대전화를 만지작거리고, 채팅과 게임을 우선시해서는 절대 목표에 도달할 수 없다. 목표를 달성할 수 있는 긍정적인 행동을 먼저 하는 것이 필요하다.

셋째, 간절함이 있어야 한다. 꿈을 종이에 적고 매일 들여다보며 실현된 모습을 상상해야 한다. 이루어진 꿈을 상상할 때는 기분이 좋지만 현실은 정반대로 시궁창일 수도 있다. 그러나 절망적인 순간일수록 오히려 더 꿈을 꾸어야 한다. 러시아의 대문호 톨스토이는 "사람의 몸은 심장이 멎을 때 죽지만, 사람의 영혼은 꿈을 잃을 때 죽는다."라고 말했다.

주위를 둘러보라. 에너지가 넘치고 활동적인 사람들은 모두 꿈을 갖고 행동하는 사람들이다. 진흙 속에서 피어난 연꽃이 더 아름답듯이 절망 속에서 꾸는 꿈이 더 간절하다. 그러므로 어떠한 순간에도 꿈만은 잃지 말고 간절한 마음으로 꿈을 이루어 나가야 한다.

흔히들 가슴이 시키는 일을 하며 살라고 한다. 가슴이 시키는 일이란 생계를 위해서 억지로 하는 일이 아닌, 진정으로 하고 싶고, 하면 할수록 행복감을 느끼는 일이다. 그러나 어릴 때부터 친구들과의 경쟁 속에서 부모의 바람대로 공부만 해 왔던 아이들은 자신이 진정으로 원하는 일을 찾기가 쉽지 않다.

행복감을 안겨 주는 일이 무엇인지 처음부터 알아내기는 어렵다. 운이 좋으면 처음부터 찾아낼 수도 있지만, 대부분은 수차례의 시도와 경험을 한 후에야 비로소 좋아하는 일을 발견하게 된다. 적성에 맞는다고 여겼던 일이 예상과는 다를 수도 있고, 인생을 살면서 뒤늦게 소명의식을 깨닫기도 하기 때문이다. 중요한 점은 현실을 핑계 삼지 말고 간절하게 끝까지 자신이 바라는 일과 꿈을 찾아야 한다는 것이다. 증권회사 애널리스트에서 뒤늦게 한 의사가 진정 나의 길임을 깨닫고 도전한 끝에 꿈을 이룬 내가 당신을 도와줄 수 있을 것이다. 나의 휴대전화 010.8868.4249로 연락한다면 기꺼이 꿈 멘토가 되어 당신에게 동기부여를 해 주겠다.

누구에게나 지나야 할
사막이 있다

우리와 힘을 겨루는 자는 우리의 배짱을 두둑하게 만들고,
우리의 기술을 발전하게 한다.
따라서 우리의 적은 곧 우리의 아군이다.

– 에드먼드 버크

IMF 이전만 해도 졸업을 앞둔 대학생들은 기업들의 서로 모셔 가기 경쟁으로 마음이 여유로웠다. 그러나 이제는 수십 군데에 원서를 내도 낙방하는 암울한 처지로 바뀌었다. 상황이 이쯤 되자 사람들은 오로지 돈이 최고라고 여기게 되었고, 돈 있는 자가 무소불위의 권력을 휘두르며 갑질을 하는 지경에 이르렀다. 계속되는 취업 낙방 속에 청춘들은 돈도 백도 없는 부모님을 원망하고 부유한 부모님을 둔 친구들을 부러워하기도 한다.

그러나 한 번뿐인 소중한 내 인생을 언제까지 남 탓만 하며 살 것인가? 부모 탓, 환경 탓, 시대 탓, 운명 탓만 하며 살아가기엔 시

간이 너무 아깝다. 성공을 이룬 사람들은 처음부터 좋은 환경 속에서 태어났을까? 그렇지 않다. 누구에게나 힘든 상황이 있었다. 그럼에도 불구하고 그들은 척박한 환경을 개척하고 성공을 이루어 냈다.

신입사원들은 출근하는 첫날 회식 자리에서 "다 같이 잘 해 봅시다. 우리 팀에 들어온 신입사원을 환영합니다."라며 축배의 잔을 들어 줄 것으로 기대한다. 나 역시 꿈에 부풀어 내심 이 말을 듣기를 기대했다. 그러나 회식 자리에서 팀장님은 나를 가리키면서 팀원들에게 "얘 좀 굴려."라는 말로 운을 뗐다. 어디에서도 들어보지 못한 말을, 그것도 대학원까지 졸업하고 듣는 그 말에 적잖은 충격을 받았다. 당시 우리 부서는 넘쳐나는 일로 모두가 힘들어하는 상황이었다. 팀장님의 이 한마디는 부서 사람들이 신입사원에게 어떤 일을 시키든, 어떻게 대하든 자신은 상관하지 않겠다는 의미였다.

이 한마디의 효과는 다음 날부터 바로 나타났다. 정식 출근 셋째 날, 저녁을 먹고 부서에 다시 들어왔다. 저녁 식사를 하는 동안 데이터베이스를 관리하는 여직원이 내 앞으로 이메일을 하나 보내 놓고 퇴근했다. 첨부된 엑셀 파일을 열어 보았지만 무엇을 어떻게 처리하라는 것인지 아무런 설명이 없었다. 메일에는 "내일 아침까지 정리해 놓을 것"이라는 말만 적혀 있을 뿐이었다. 나는 '낮에 너무 바빠서 일을 맡길 시간이 없었나 보다'라고만 생각했다. 이리저리 파일을 살펴봐도 도대체 어떻게 처리해야 할지 알 수가 없었다. 한참을 고민하던 끝에 내일 방법을 물어보고 정확하게 처리하는 게 낫겠다 싶어서 그쯤에서 마무리했다.

다음 날 아침, 모든 사람들이 출근하자 여직원은 내게 파일을 갖고 자기 자리로 오라고 했다. 엑셀 파일을 열어 보더니 그녀가 갑자기 소리를 지르기 시작했다.

"파일 정리가 왜 안 돼 있어? 내가 어제 분명히 하라고 하지 않았어? 내 말이 말 같지 않아? 시키는 일을 왜 안 해?"

나보다 1년 먼저 입사한 동갑내기 여직원은 그렇게 사람들 앞에서 나를 흠집 내기 시작했다. 자신은 똑바로 일을 시켰는데 신입사원인 내가 선배에게 반항하며 일부러 일을 안 한 것처럼 보이게 만들었다. 억울했다. 그런 게 아니지 않느냐며 반문하고 싶었지만 입을 닫고 꾹 참았다.

"인내란 네가 꺾어 버리고 싶은 사람한테 꺾여 참는 것을 말한다."라는 말이 있다. 방법도 모르는 사람에게 무조건 처리해 놓으라고 한 것은 분명 골탕을 먹이는 행동이었다. 하지만 아무 말 없이 나를 꺾고 인내한 것은 '당신은 그럴지언정 저는 당신과 잘 지내고 싶습니다'라는 나의 무언의 제스처이자, 동료 여직원이 여러 사람 앞에서 민망하지 않도록 혼자 깨달을 수 있는 시간을 주고자 함이었다. 또한 이런 동료와 함께 일하는 것도 내가 짊어지고 가야 할 나만의 사막임을 받아들였기 때문이었다.

회식이 있는 날이었다. 간단하게 1차 회식을 마치고 각자 집으로 향했다. 그런데 갑자기 한 상사가 좀 더 회식을 하자며 나를 붙들었다. 일이 있어서 가야 한다고 거절했지만 그는 놓아 주지 않았다. 한참을 실랑이한 끝에 자신에게 아이스크림을 사 주면 집에 보내 주겠다는 상사의 말에 근처 슈퍼로 향했다.

상사는 아이스크림을 먹고 가겠다며 자리에 앉을 것을 요구했다. 집에 가고 싶은 마음이 굴뚝같았지만 그가 물고 늘어지는 통에 어쩔 수 없이 테이블을 사이에 두고 마주 앉았다. 그러자 그가 자신의 옆자리를 가리키며 "성희 씨, 이리 와서 내 옆에 앉아 봐."라고 하는 것이 아닌가. 순간 나의 눈이 놀란 토끼처럼 동그래졌다. 내가 "지금 뭐라고 하셨어요?"라고 물었지만 상사는 아이스크림을 우걱우걱 입에 넣기만 할 뿐이었다. 가게에서 나와 횡단보도를 걷던 중 "나 성희 씨 때문에 상처받았어."라는 말만 남기고 그는 혼자 사라져 버렸다.

다음 날부터 보복이 시작되었다. 증권시황 방송의 원고를 작성하면 항상 그 상사에게 검토를 받아야 했다. 그런데 그날부터 그는 어느 부분을 수정해 오라는 말 대신 원고 전체에 빨간 펜으로 X 표시를 하고는 처음부터 다시 써 오라고 했다. 초보인 나는 상사의 방송원고 형식을 그대로 따랐다. 다른 점이 있다면 매일 변동하는 주가지수나 상황 설명 정도뿐이었다. 무엇을 수정해야 하는지도 모른 채 원고를 고치고 또 고쳤다.

그 후로 그 상사와의 껄끄러운 관계는 회사를 나올 때까지 지속되었다. 팀원들이 저녁 식사를 마치고 남은 일을 처리하기 위해 부서에 돌아온 날이었다. 각자 일을 끝낸 팀원들이 한 명 두 명 퇴근하기 시작했다. 나도 일을 마치고 퇴근해 집에 거의 도착할 즈음 한 통의 전화가 걸려왔다.

"여보세요?"

"나 ○○야. 성희 씨 왜 나한테 인사도 안 하고 가? 퇴근할 거면 상사한테 인사하고 가야지. 어디서 배워 먹은 거야?"

퇴근할 당시 부서에는 분명 아무도 없었다. 나중에 알고 보니 상사는 리포트에 들어갈 자료를 다운받기 위해 다른 부서에 가 있었던 모양이었다. 이전 일을 빌미로 그는 나의 일거수일투족을 감시하며 사소한 일에도 꼬투리를 잡았고, 작은 일도 크게 만들었다.

우선 차근차근 상황을 설명했다. 그러나 이미 화가 나 있는 사람에게는 어떤 말도 소용없었다. 그는 자신이 하고 싶은 말만 계속했다. 때마침 휴대전화 배터리가 없어서 갑자기 통화가 끊어졌다. 혹시라도 먼저 끊은 것으로 오해할까 봐 집으로 뛰어갔다. 집 전화로 다시 전화하기 위해서였다. 도착해 보니 이미 전화벨이 시끄럽게 울려 대고 있었다.

"상사 말이 다 끝나지도 않았는데 어디서 전화를 끊어? 내가 그렇게 우스워?"

상황을 설명했지만 그의 목소리 톤은 점점 높아져만 갔다. 이 상황에서 할 수 있는 일이라곤 아무것도 없었다. 그저 참고 또 참을 뿐이었다.

주위 사람들은 "성희 씨, 저 말 듣고 어떻게 참았어?" 혹은 "어떻게 저런 사람과 웃으면서 잘 지낼 수 있어?"라고 묻곤 했다. 나는 인생을 살면서 많은 사람들을 만났다. 때로는 나에게 상처를 주고 눈물 나게 하는 사람들도 있었다. 그런 사람들과 잘 지낼 수 있었던 이유는 직장에서 지위와 권위를 앞세워 나를 힘들게 했던 사람들을 견뎌 냈기 때문이다. 나를 못 살게 구는 사람이 있다면 안 보면 그만이다. 하지만 직장에서는 내가 직장을 떠나는 경우가 아니라면 견디고 이겨 내야 한다. 당시에는 너무나도 힘들었지만, 그 시기를 견디고 나니 참아 내지 못할 사람이란 없었다.

인생을 살다 보면 직장, 동료, 가난, 불우한 가정환경, 주변 사람의 사기, 배신, 모함, 사업 실패 등 많은 사막들과 마주치게 된다. 이런 사막들은 피할 수만 있으면 피하고 싶다. 하지만 누구에게나 지나야 할 자신만의 사막이 있다. 뜨거운 햇볕이 내리쬐는 사막을 지나는 일은 매우 고통스럽다. 부족한 물과 뜨거운 공기로 인해 갈증은 심해지고 힘은 점점 빠져만 간다.

자신의 사막은 왜 이렇게 힘드냐며 고통스러워하는 사람들도 있다. 그러나 사막을 지나는 것은 누구에게나 다 어렵다. 대신 사막에는 오아시스도 있다. 오아시스를 발견한 기쁨은 오롯이 발견한 사람만이 누릴 수 있는 크나큰 기쁨이자 혜택이다. 오아시스를 맛보며 묵묵히 사막을 지나온 사람은 안다. 고통스러운 자신의 인생이 사실은 큰 행운이자 축복이라는 것을 말이다.

여행자가 짐이 너무 무겁다고 억지로 짐을 벗거나 덜어 낸다면 성공의 열매도 그만큼 덜어내는 것이다. 성공이라는 열매의 당도는 고통의 크기에 비례하기 때문이다.

나 역시 억울하게 당하는 일도 많았고, 신입이라 변명 한 번 못 해 보고 입을 꾹 다물어야 할 때가 많았다. 그러나 이를 통해 참고 인내하는 법을 배웠다. 또한 이제는 어디에 가서든 누구와도 잘 지낼 수 있게 되었다. 까다로운 사람에게는 시간을 두고 기다려 줄 수 있게 되었고, 앞에서 웃고 뒤에서 험담하는 사람과도 웃으며 지낼 수 있는 여유가 생겼다.

나만의 사막을 벗어나려 발버둥치고, 억울한 상황마다 모두 해명하려 했다면 지금의 이런 여유는 얻을 수 없었을 것이다. 나는 이러한 인내심이 또 다른 성공으로 이어지리라 확신한다. 그러므로 이제부터라도 자신만의 사막에 감사하며 묵묵히 이겨 내 보자. 달디 단 성공의 열매가 당신을 기다리고 있을 것이다.

꿈꾸는 자에게
좌절이란 없다

승리자가 되기 위해서는
아무도 자신을 믿지 않을 때
당신만은 자신을 믿어야 한다.

– 슈거 레이 로빈슨

"한 번씩 링에서 다운될 수 있습니다. 여러 번씩 다운될 수도 있습니다. 권투선수라면 다운당하는 게 당연한 것 아닐까요? 중요한 것은 다시 일어서는 사람만이 챔피언이 될 수 있다는 것입니다."

'핵주먹'이라 불리는 전설의 복서 조지 포먼의 말이다. 인생을 살다 보면 행복과 기쁨을 만날 때도 있고 불행과 슬픔을 만날 때도 있다. 때로는 넘어지기도 한다. 하지만 다시 일어나야 한다. 자신 안의 가능성을 믿고 백번을 넘어져도 다시 일어나야만 한다.

증권시황 방송을 마치고 자리에 돌아와 보니 동료 직원의 얼굴이 사색이 되어 있었다.

"성희 씨가 어제 기관에 보낸 자료들이 업데이트가 안 된 채로 발송돼서 팀장님이 화가 많이 났어."

증권사들은 증권 자료 파일들을 매일매일 업데이트해서 국민 연금, 자산운용사 등에 전송한다. 막대한 운용 자금을 보유한 기관들은 갑의 입장이고, 기관에서 자금을 가져와서 운용 수익을 벌어들이는 증권사들은 을의 입장에 놓이게 된다. 그런데 지금 을이 보낸 파일에 문제가 발생한 것이다. 당시 나는 부서 사람들로부터 업무를 인계받고 있었다. 동료 직원이 파일을 업데이트해서 보내 주면 내가 그 파일을 기관에 전송했다.

팀장님은 나와 동료 직원을 호출했다. 자리에 앉자마자 팀장님이 씩씩거리며 말했다.

"어떻게 된 건지 말해 봐!"

"어제 ○○ 씨가 업데이트해서 보내준 파일을 기관에 전송했습니다. 그런데…"

화를 주체하지 못한 팀장님은 말이 끝나기도 전에 옆에 있던 갑티슈를 내던졌다. 내가 이어서 하려 했던 말은 "어느 부분에서 잘못된 것인지 발견하지 못했습니다. 아침에 그 이유에 대해 서로 이야기를 나눠 보았는데 아직까지 원인을 찾지 못한 상태입니다. 원인을 찾아서 재발을 방지하겠습니다."였다.

팀장님은 원인을 파악하기보다는 단지 화풀이할 대상으로 우리를 호출한 것이었다. 화가 난 팀장님은 더 이상 아무 말도 듣지 않고 잘라 말했다.

"신입인 네가 잘못한 거야. 앞으로 한 달 동안 팀원들이 모두 식사를 마치고 돌아오면 그때 식사하러 가!"

우리 부서는 대부분 아침 식사를 하지 못한 채 출근했다. 오전 6시 30분까지 출근해서 아침 회의를 마치고 7시 30분쯤 간단한 식사로 허기진 배를 채우고 오는데 신입인 나는 가지 못할 때가 많았다. 점심시간은 11시 30분부터 1시까지였다. 하지만 팀원들이 식사 후 용무를 마치고 돌아오려면 적어도 12시 30분은 지나야 했다. 그마저도 누군가 그 시간 안에 돌아온다고 할 때의 이야기였다.

다음 날부터 점심시간이 되면 직원들이 삼삼오오 부서를 빠져나가는 모습을 멍하니 바라봐야만 했다. 배고픔을 삼키며 혼자서 넓은 사무실을 지켰다. 팀원들이 식사를 마치고 돌아오면 혼자 나가서 김밥으로 대충 때우고 들어왔다. 처음 일주일 동안은 자존심이 상하고 창피해서 쥐구멍에라도 숨고 싶었다. 매일이 곤혹스러웠고 날마다 심적으로 위축되었다. 겉으로는 아무렇지 않은 척 애썼지만 속으로는 눈물을 삼켰다.

한 달 동안 혼자서 가장 늦게 식사하면서 자존심이 뭉개지고 서러움이 밀려들었다. 지나가며 들려오는 웃음소리도 나를 비웃는 것처럼 느껴졌다. 일주일이 지난 후 나는 더 이상 자기연민이

나 자기비하는 하지 않기로 했다. 나는 '그날은 업무가 많은 날이었어. 업무가 많은 날에는 실수도 일어날 수 있어. 그러니 다음에는 같은 일이 일어나지 않도록 원인을 알아내자'라고 생각을 바꾸었다. 감정에 휘둘리면 일을 더 악화시킬 것이 분명했다. 독일의 극작가 베르톨트 브레히트가 "잘못을 저지르지 않는 것보다는 잘못을 빨리 고칠 줄 아는 것이 현명한 것이다."라고 말한 것처럼 실수를 바로잡는 데 집중했다.

나는 긍정적으로 생각하기로 했다. 업무 시간에는 일에 치여서 원인을 알아내기가 쉽지 않았다. 그래서 아무도 없는 점심시간이 조용해서 분석하기에는 오히려 더 좋을 거라고 스스로를 다독였다. 마음가짐을 바꾸고 나니 점심시간은 더 이상 서러운 시간이 아니었다. 나는 데이터를 잘못 보낸 날의 상황을 계속해서 떠올려 보았다. '과연 무엇이 원인이었을까?' 그렇게 며칠을 고민 속에 지냈다. 머리를 식히기 위해 건물 밖을 나서는 순간 문득 어떤 생각이 떠올랐다. 곧장 자리에 돌아와 파일을 실행시켜 보았다. 그리고 마침내 원인을 알아냈다. 그 후 나는 다시는 같은 실수를 반복하지 않았다.

"일체유심조(一切唯心造)"라는 말이 있다. 모든 일은 마음먹기에 달려 있다는 뜻이다. 목표를 향해 나아가다 보면 크고 작은 시련에 부딪히곤 한다. 그때마다 어떻게 마음먹고 일을 해 나가는가에 따라 결과는 확연하게 달라진다. 《탈무드》에서 승자가 쓰는 말은 "다시 한 번 해 보자."이고, 패자가 쓰는 말은 "해 봐야 별수 없다."라고 한다. 결국 100퍼센트와 0퍼센트의 성과 차이는 작은 생각 하나, 즉 지금 이 순간의 마음가짐에 달려 있는 것이다.

한의원 개원을 준비하면서도 몇 번의 고비가 있었다. 개원할 자리를 알아보기 위해 서울, 경기, 인천 등에서 50군데 이상을 발로 뛰며 알아보고 있었다. 아침에 신고 나간 양말은 저녁 때면 구멍이 뚫려 있었다. 하지만 양말을 보고 있노라면 절로 미소가 나왔다. '내가 지금 최선을 다하고 있구나'라는 생각에서였다. 그러던 중 눈에 띄는 지역이 있어 부동산 중개업소에 들어가 물었다.

"사장님, 혹시 이 동네 건물 중 2층에 사무실로 쓸 만한 곳이 있을까요?"

"어느 업종을 하실 건가요?"

"나중에 말씀드리겠습니다."

마지막 잔금을 치르던 날, 사무실 열쇠를 건네받고 말했다.

"사장님, 저 한의원을 하려고 합니다."

순간 부동산 사장님의 눈이 휘둥그레졌다.

"아니, 어떻게 하려고 이 동네에 개원하겠다는 거예요? 여기 한의원들 엄청 많아요. 셀 수 없이 많아요. 일반 진료할 거예요, 아님 특화 진료할 거예요? 나도 예전에 양방병원에서 일해 본 적이 있어서 좀 아는데 지금 병원들 모두 불경기잖아요. 괜찮겠어요?"

사장님은 속사포처럼 걱정을 쏟아 냈다. 그도 그럴 것이 최근 몇 년간 이 동네에는 양도, 양수는 있어도 새롭게 개원한 한의원은 없었기 때문이다. 사장님은 괜찮겠느냐며 몇 번이나 물었다. 한의원을 방문한 다른 사람들도 놀라기는 마찬가지였다. 근처에 있는 한의원 수에 놀라고, 그 자리에 개원한 내게 또 놀라서였다.

한의원을 개원하고 며칠이 지났을 때였다. 출근해 보니 입구에 세워 둔 실외 배너광고에 누군가 김치 국물을 잔뜩 뿌려 놓은 것이 아닌가. 실수로 누군가 김치 통을 엎었다고 보기에는 배너광고의 높이가 높았다. 일부러 뿌려 놓은 듯했다. 하지만 나는 기분 나쁘거나 실망하지 않았다. 나는 환자를 치료하기 위해 한의원을 열었고, 최선을 다해 즐겁게 치료에만 열중하면 될 일이었다. 생각을 전환하고 금세 마음을 바꾸었다. 애니메이션 〈하늘에서 음식이 내린다면〉처럼 '개원을 축하해 주려고 어젯밤 하늘에서 우리 한의원 배너광고에 김치 국물 비를 내렸나 보다'라고 생각했다. 긍정적으로 생각한 덕분에 오히려 환자들과 웃으며 즐겁게 치료에만 전념할 수 있었다.

'불황'은 모두의 가슴을 철렁 내려앉게 만드는 말이다. 불황이라는 두 글자를 뉴스에서 듣고 신문에서 마주할 때 나의 마음은 이상하리만치 차분했다. 불황 속에서도 누군가는 꿈을 이루고 성공하기 때문이다. 나는 의료업계 불황 속에서도 개원 자리를 알아

보기 위해 수십 곳을 발이 부르트도록 뛰어다녔다. 주위 사람들은 이런 어려운 시기에 왜 개원하느냐며 나를 만류했지만, 내 머릿속에는 오로지 한 가지 생각뿐이었다. '울고 들어와서 치료받은 후에는 웃으면서 나가는 한의원' 그런 한의원을 만들고 싶은 꿈 때문이었다. 의료업계가 불황이어도, 한의원 수가 많아도, 누군가 김치 국물을 뿌렸어도 흔들리지 않을 수 있었던 것은 바로 환자를 치료하고 싶은 꿈 때문이었다.

실패자는 언제나 실패에 대한 핑곗거리를 찾는다. 반대로 성공자는 어떤 상황에서도 반드시 성취해야 할 이유와 꿈을 찾는다. 긍정으로 무장하고 오로지 할 수 있다는 생각만 한다. 시련 속에서도 기어코 희망의 별을 찾아내고야 마는 것이다. 현재 꿈을 향해 달려가고 있지만 쓰러질 것 같이 힘들다면 이렇게 외쳐 보자.

"꿈꾸는 자에게 좌절이란 없다!"

세상의 변화는
나로부터 시작된다

아무것도 변하지 않을지라도
내가 변하면 모든 것이 변한다.

– 오노레 드 발자크

"점심시간이네, 다들 식사하러 갑시다."

오전 업무를 마치고 즐거운 점심시간이 돌아왔다. 동료 직원과 함께 식사하러 나가는데 많은 사람들이 모두 한꺼번에 빠져나와 엘리베이터 앞은 이미 북새통을 이루고 있었다. 대부분 아는 사람들이어서 나는 미소를 지으며 즐겁게 인사했다.

"안녕하세요, 주미 씨."

"안녕하세요, 과장님."

기분 좋은 인사에 모두들 반갑게 웃으며 화답해 주었다. 엘리베이터를 탈 때부터 시작된 인사는 식당에 도착할 때까지 간간이 계속되었다. 식당에 도착해서 음식을 주문하려는 순간 동료 직원이 한마디를 건넸다.

"성희 씨, 나 할 말 있어. 앞으로 사람들한테 인사하지 마요. 성희 씨가 그렇게 인사하고 다니면 난 아는 사람이 별로 없어서 인사할 사람이 없어요."

그 순간 문득 대학교 때 교수님이 하신 말씀이 떠올랐다. 교수님은 젊은 나이에 대학 강단에 서신 분으로 키가 크고 활발한 성격의 소유자였다. 수업 도중 교수님은 여담으로 낯선 사람과 안면을 트는 방법에 대해 알려 주겠다고 하셨다. 길을 가다 모르는 사람이 다가오면 밝은 표정과 목소리로 "안녕하세요."라고 인사하는 것이다. 다음 날에도 밝은 모습으로 "안녕하세요."라고 인사를 건넨다. 이렇게 세 번 정도 반복하면 '모르는 사람이 왜 나에게 인사하지?'라며 의아해하던 상대방도 '혹시 내가 아는 사람인데 기억을 못 하는 건가'라며 긴장을 늦추기 시작한다. 네 번째 인사를 건넬 때는 상대방이 "혹시 우리 전에 만난 적 있나요?"라고 묻거나 자신도 같이 인사를 한다고 말씀하셨다. 교수님은 먼저 건네는 인사를 통해 지금의 부인을 만났다는 말씀도 덧붙이셨다.

인사를 한다는 것은 내가 먼저 세상에 손을 내미는 것이다. 사람들은 종종 상대방이 인사할 때까지 기다린다. 그러다가 인사가 없으면 자기도 고개를 돌리고 외면한다. 이것은 서로 대접받으려는 마음만 있기 때문이다. 가식적인 인사는 상대방의 기분만 해칠 뿐이다.

멋있는 인사란 나를 낮추고 상대방에 대한 존경과 배려심을 담아 미소를 띠며 하는 것이다. 내가 나이가 더 많으니까, 내가 직위가 더 높으니까, 내가 돈이 더 많으니까 당연히 상대방이 먼저 인사해야 된다고 생각하는 사람들이 있다. 또한 이익이 없으면 안면몰수했다가 이익이 있으면 언제 그랬냐는 듯 인사를 건네는 사람들도 있다. 인사란 단순한 행위가 아니다. 마음에서 마음으로 전해지는 이심전심의 행동이다. 인사를 건네는 사람은 상대방의 마음의 빗장을 풀 수 있는 강력한 무기를 지닌 것이다.

언젠가 후배가 자신은 윗사람과 지내는 게 어렵다고 호소한 적이 있다. 아랫사람이나 동년배와는 스스럼없이 잘 지내지만 윗사람과 있으면 불편하고 어떻게 행동해야 할지 몰라 난감하다고 했다. 나는 먼저 예의를 갖추고 진심을 담아 인사해 볼 것을 추천했다. 인사하는 사람은 먼저 웃고, 먼저 고개를 숙이고, 먼저 허리를 굽혀야 한다. 내가 먼저 낮춰야 인사를 할 수 있다.

나 역시 인사로 상대방의 마음을 무장 해제시켰던 적이 있었다. 몇 년 전, 유독 내게 마음의 문을 열지 않는 사람이 있었다. 인사를 해도 그때마다 모른 척하거나 무시하기 일쑤였다. 나이가 더 많은 내가 몇 번을 인사해도 끝내 모른 척했다. 기분이 상하고 마음도 함께 일그러졌다. 하지만 인사를 멈추면 그 사람과는 영영 낯선 사람으로 지낼 것 같았다.

마음은 눈에 보이지 않지만 언젠가는 전달되기 마련이다. 우선 상대방이 인사해 주기 바라는 마음을 접었다. 인사를 받든 받지 않든 나는 계속해서 인사를 건넸다. '당신은 내가 미울지 몰라도 나는 당신이 밉지 않습니다'라고 인사 속에 나의 마음을 표현했다. 진심이 통했는지 3년이 지나자 상대방은 나의 인사에 고개를 끄덕이기 시작했다. 4년째에 접어들자 드디어 그녀가 먼저 인사를 건넸다. 그 후로 우리는 서로 진심 어린 인사와 미소를 건네며 대화를 나누는 사이가 되었다.

때때로 그때 만약 인사하지 않았다면 상대방과 어떻게 됐을까 생각해 본다. 서로 말도 안 하고 속으로는 내심 버릇이 없는 사람이라고 단정 지었을 것이다. 나아가 요즘 젊은 사람들은 왜 이렇게 태도가 좋지 않느냐며 한탄도 했을 것이다. 문제는 상대방이 아닌 나 자신이다. 내가 먼저 생각을 바꾸고 먼저 행동하면 상대방도 변하고 세상도 변한다. 변화는 나로부터 시작되는 것이다.

'나로부터의 변화'는 일상의 모든 일에서 이끌어 낼 수 있다. 대학생 때, 여름방학을 맞아 경제캠프에서 아르바이트를 한 적이 있었다. 일주일 동안 함께 숙식하면서 아이들에게 돈과 경제 관념을 알려 주는 과정이었다. 당시 나는 필요한 물품을 조달하고 적절한 곳에 배치하는 일을 담당했다.

6~7명이 한 조로 짜인 아이들 속에서 유독 주눅이 든 여자아

이가 있었다. 또래에 비해 살이 쪘고, 여름철이라 땀이 많이 나서 땀 냄새가 심했다. 같은 조 아이들은 그 아이와 멀찍이 떨어져 앉았고, 싫은 티를 팍팍 내며 대화에도 잘 끼워 주지 않았다. 그럴수록 아이는 더 주눅이 들어 수업 시간 내내 말도 하지 않고 집중하지 못했다. 마치 우울증에 걸린 사람처럼 눈에 초점이 없었다. 밥 먹으러 다닐 때도 혼자였지만 누구도 아이에게 말을 걸지 않았다. 이대로 방치하면 아이는 캠프에 와서 안 좋은 기억만 쌓고, 마음의 상처를 입고 돌아갈 수밖에 없었다. 그래서 나는 수업이 끝날 때마다 아이 곁에 살짝 다가가서 말을 건네기 시작했다.

"이번 수업은 어땠어?"

하지만 아이의 반응은 냉랭했다. 그래도 아랑곳하지 않고 아이 옆에 찰싹 붙어서 같이 식사하러 다녔다. 쉬는 시간이 되면 다시 아이 곁으로 다가가서 '나는 지금 네게 관심이 있단다'라는 무언의 응원을 실어 보냈다. 때로는 살짝 손을 잡기도 했다. 처음 겪는 일이어서인지 아이는 재빨리 손을 뺐다. 그래도 계속해서 아이의 손을 잡고 깍지를 끼었다. 차츰차츰 손을 빼는 횟수가 줄더니 드디어 아이는 내 손을 잡고 다녔다. 아이의 손을 잡은 채 다른 아이들에게 말을 건네고 장난치면서 주눅이 든 아이를 살짝 무리 속으로 끌어들였다. 그러자 아이를 멀리하던 친구들도 조금씩 말을 건네며 관심을 보이기 시작했다.

캠프 마지막 날, 아이는 내게 작은 손 편지를 가지고 왔다.

"뚱뚱하고 소심해서 학교에서 아무도 제게 말을 걸어 주지 않았어요. 여기에서도 같은 일을 당하니까 울고 싶었어요. 그래도 언니가 제 손을 잡아 주고, 같이 다녀 주고, 말을 걸어 주셔서 정말 감사했어요. 저도 언니처럼 외로운 사람들에게 먼저 다가갈 수 있는 훌륭한 사람이 되고 싶어요. 감사합니다."

편지를 읽는 순간 눈물이 핑 돌았다. 다가가고 싶고, 함께하고 싶어 손을 내밀던 나의 마음을 알아 준 아이가 더 고마웠다.

감동을 주는 것은 사소한 일에서부터 시작된다. 길을 건너려는 보행자에게 차를 멈추고 양보하는 것, 지하철에서 할머니의 무거운 짐을 들어주는 것, 낯설고 외로운 사람에게 말을 건네는 것 모두가 상대방을 감동시키는 일이다. 사랑을 받아 본 사람만이 사랑을 줄 수 있듯이, 감동을 받아 본 사람만이 감동을 줄 수 있다. 세상이 감동의 물결로 가득 차기 위해서는 감동받은 사람들이 많아져야 한다. 그 시작은 바로 '나'부터이고, 일상의 모든 일이 감동의 대상이 될 수 있다.

먼저 손을 내미는 사람은 중심이 단단한 사람이다. 땅 속 깊이 뿌리 박은 나무는 바람에 흔들릴지언정 결코 쓰러지지 않는 것처럼, 먼저 손 내미는 사람들은 겉으로는 연약해 보여도 심지가 굳고 마음이 넓어 포용력이 강한 사람들이다.

다른 사람이 변하길 바라지 말고 내가 먼저 변해야 한다. 작은 불꽃 하나가 큰 불을 일으키듯 나의 작은 행동이 세상을 따뜻하게 변화시킬 수 있다. 노란색 안경을 쓰면 세상이 노랗게 보이고, 검은색 안경을 쓰면 세상은 까맣게 보인다. 세상은 내가 생각하는 대로 보인다. 세상을 향해 손가락질하는 사람은 구부린 네 손가락이 자신을 향하고 있음을 알아야 한다. 상대방이 밉고 세상이 원망스러울 때, 원망을 거두고 먼저 손을 내밀어 보자. 세상의 변화는 나로부터 시작된다.

겁 없이, 거침없이, 후회 없이

돌이켜 보면 나의 생애는
일곱 번 넘어지고 여덟 번 일어났던 것이다.

– 프랭클린 루스벨트

"평범하라. 순응하라. 안전하리라."

"튀어라. 도전하라. 위험하리라."

당신은 어느 쪽에 서고 싶은가? 대부분의 사람들은 조직 안에서 평범하고 안전해지길 원한다. 그러나 조직은 평범한 당신을 원하지 않는다. 평범한 무리 속에서 안전만을 꾀하는 당신을 조직이 두고 볼 리 없다. 안전해 보이는 그 길이 사실은 위험한 길이다. 배는 항구에 묶여 있기 위해 만들어진 것이 아니다. 거친 파도와 물살을 헤치고 나아가기 위해 만들어졌다. 거침없이 도전하는 사람에게는 위험이 따른다. 그러나 승리는 도전하는 사람만이 맛볼 수 있다.

오후 주식시장이 끝나갈 무렵 부서도 잠시 숨 고르기에 들어갔다. 기지개를 켜고 쉬고 있는데 팀장님의 호출이 이어졌다.

"경제신문사에서 세계 주식시장에 대해서 매주 칼럼을 써 달라고 요청이 들어왔어. 성희 씨가 써 보도록 해."

"팀장님, 이건 과장님에게 맡기셔야 할 것 같은데요."

"성희 씨가 써 봐."

팀장님과의 면담은 그렇게 짧게 끝났다. 우리 부서의 일만으로도 이미 포화 상태에 이르렀는데, 신문사에 매주 칼럼까지 기고해야 한다고 하니 눈앞이 깜깜해졌다. 한 번도 해 보지 않은 일이라 겁이 났다. 게다가 회사를 대표해서 써야 한다는 생각에 심리적인 압박감까지 몰려왔다. 퇴근한 뒤에도 고민에 휩싸였다. 머릿속에서는 2가지 생각이 끊임없이 싸우고 있었다. 내일 출근하자마자 못 하겠다고 말하고 깔끔하게 포기할 것인가, 끝까지 도전해 성취해 낼 것인가.

그러다 문득 머뭇거리는 이유에 대해 곰곰이 생각해 보았다.

첫 번째는 처음 경험하는 일이어서 내 능력에 의구심을 품고 두려움을 느껴서였다. 두려워서 시작조차 안 한다면 다른 새로운 일에서도 또 포기할 것이 분명했다. '넘어야 할 산이라면 지금 넘자. 도전해야 할 일이라면 바로 지금 도전해 보자' 그렇게 스스로를 격려했다.

두 번째는 칼럼을 못 써서 비웃음을 사지는 않을까 주위 시선을 의식해서였다. 아이큐 높은 사람이 무조건 공부를 잘하는 것은 아닌 것처럼 재능을 꽃피우기 위해서는 노력이 필요하다. 하물며 글 쓰는 재주도 없고 칼럼을 써 본 적도 없는 사람이 글을 쓰기 위해서는 남들보다 더 노력해야 한다는 결론을 내렸다. 두려움은 접어 두고 칼럼을 쓰기로 결정했다.

다음 날 센터장님의 호출이 이어졌다. 회사를 대표해서 칼럼 쓰는 일을 새파란 신입사원이 맡았으니 채권분석팀, 투자전략팀, 기업분석팀을 총괄하는 센터장님의 고민도 만만치 않았을 것이다. 센터장님은 연습 삼아 주제를 주면서 다음 날까지 칼럼을 작성해 오라고 했다.

저녁 식사 후 다시 회사에 돌아와 한 줄 한 줄 적어 나가기 시작했다. 그러나 이런 종류의 글은 처음 써 보는 데다 잘 써야 한다는 심적인 부담까지 더해져 한 줄을 적는 데 무려 30분이나 걸렸다. 글 쓰는 작가들의 고충을 조금이나마 느낄 수 있었다. 울고 싶은 마음과 도망가고 싶은 마음을 몇 번이나 부여잡은 끝에 마침내 글쓰기를 끝낼 수 있었다.

다음 날 센터장님께 작성한 글을 보여 드렸다.

"글 쓰는 실력이 초등학생만도 못 해. 처음부터 다시 배워야 되겠어. 이렇게 해서는 신문사에 보내기 힘들어."

센터장님의 굵고 큰 저음의 목소리가 분석팀 전체에 울려 퍼졌다. 다른 직원들도 듣고 있을 걸 생각하니 너무 창피했다. 자리에 돌아와 한참을 멍하니 앉아 있었다. 당장 다음 주부터 신문사에 칼럼을 보내야 하는데 나의 글쓰기 실력은 밑바닥이었다. 어떻게 이 난관을 헤쳐 나갈 것인가. 걱정을 멈추고 바로 칼럼 필사에 돌입했다. 우선 센터장님의 글부터 따라 적기 시작했다. 칼럼 하나하나를 똑같이 적어 보고 소리 내서 읽어 보았다. 하나를 끝낼 때마다 할 수 있다는 자신감이 들기 시작했다.

실제 원고를 작성하는 날이 돌아왔다. 미국과 영국, 독일 등 유럽 주요국의 주식시장 데이터를 다운받아 분석한 후 칼럼 쓰기에 돌입했다. 오후 2시까지 간신히 칼럼을 마무리하고 센터장님께 메일로 보냈다. 첫 원고는 그야말로 처참해서 센터장님이 모든 곳을 손봐야 했다. 한 주, 두 주 시간이 지날수록 살얼음판 위를 걷는 것 같았다. 하지만 포기할 수 없었다. 잘 해낸다면 좋겠지만 나에겐 머뭇거릴 시간이 없었다. 오후 2시가 나의 마감 시간이었기에 최선을 다해 칼럼을 작성했다.

센터장님이 외부 강의 때문에 부재 중일 때는 팀장님에게 칼럼을 점검받았다. 팀장님에게 처음으로 칼럼을 보여 드리는 날 마음을 단단히 먹었다. '못 썼다거나 형편없다는 소리를 듣더라도 절대 기죽지 말자. 나는 할 수 있다' 어떤 모진 소리도 이겨 내리라 마음먹었다.

"글 잘 썼네. 생각보다 잘하고 있네."

팀장님의 칭찬에 어안이 벙벙했다. 그동안 가슴 졸이며 노력했던 것을 인정받는 것 같아 날아갈 듯이 기뻤다. 두려움을 이겨 내고 도전한 끝에 또 하나의 승리를 맛본 것이다.

도전에는 두려움이 따른다. 시합을 앞둔 선수, 글을 쓰는 작가, 시험을 앞둔 수험생 모두 두려움을 느낀다. 그러나 두려움은 상상으로 만들어 낸 감정일 뿐이다. 농구 천재로 불리는 마이클 조던도 "두려움은 환상이다."라고 말했다. 생각해 보라. 누구나 시험을 앞두고 두려웠던 적이 있을 것이다. 왜 그렇게 우리는 시험 앞에서 두려워했던 것일까? 과거에 시험을 망친 경험이 있어서 이번에도 시험을 망치게 될까 봐 불안한 감정이 일어난 것이다. 혹은 처음 보는 시험이라서 정보도 없고, 자신감도 없어서 스스로 떠는 것이다. 두려움은 미리 겁먹고 스스로 유발한 공포일 뿐이다.

겁이 없다고 해서 두려움을 느끼지 않는 것은 아니다. 마케팅의 구루 세스 고든은 "겁 없음이란 두려워하지 말아야 할 것을 두려워하지 않는 것"이라고 말했다. 예를 들어 올림픽 출전을 앞둔 선수가 강한 선수와의 대결을 두려워하지 않는 것처럼 말이다. 두려움을 이기는 방법은 의외로 쉽다. 두려운 감정을 느낄 때 감정을 인정하고 미뤄 두는 것이다. 그리고 계속해서 도전하면 된다. 강한 선수와 대결을 펼치는 것이 두렵다면 감정을 내려놓고 계속

땀 흘리며 연습하면 되는 것이다.

사람들이 성공하지 못하는 이유는 두려워서 도전 자체를 피하기 때문이다. 두려움은 정복할 대상이 아니다. 두려움이 떠오르는 것을 멈추기만 하면 된다. 실체도 없는 것에 정복당하는 것은 어리석은 일이다. 이제라도 두려움을 이겨 내고 도전해야 한다.

성공한 사람들은 하나같이 위험을 감수하고 거침없이 도전했다. "포기하기 시작하면 그것도 습관이 된다."라는 말이 있다. 불가능해 보이는 상황 속에서도 포기하지 말아야 한다. 그야말로 불가능해 보이는 것일 뿐 마음속 두려움과 의심을 떨쳐내고 포기하지만 않는다면 돌파해 낼 방법은 꼭 존재한다. 할 수 있다는 마음으로 집중하고 행동할 때 불가능을 가능으로 바꿀 수 있다. 오늘부터 생각을 행동으로 옮겨 보자. 겁 없이, 거침없이, 후회 없이.

절망 속에
청춘을 낭비하지 마라

현실이 가파른 오르막처럼 느껴질 때에는
정상에 올랐을 때의 광경을 생각하라.

- 래리 버드

미국의 4선 대통령, 프랭클린 루스벨트.

에콰도르의 제44대 대통령, 레닌 모레노.

두 사람의 공통점은 '휠체어 대통령'이다. 대통령에게 있어 다
리 마비는 신체적인 약점이었다. 이동할 때나 공식 석상에 나갈
때 모두에게 자신의 약점을 드러내야만 했다. 약점을 강점으로 바
꾸고 성공을 이루어 내는 것은 용기 있는 사람만이 할 수 있다.
용기는 누구나 가지고 있다. 단지 용기라는 무기를 누가 더 날카
롭게 갈고닦는가는 사람마다 다르다. 고통의 순간에 무뎌진 용기
의 칼을 빼든 자는 절대 절망과 싸울 수 없다. 얼굴이 비칠 정도

의 광택과 날카로운 용기의 칼날을 가진 사람만이 절망을 이겨
낼 수 있다.

하루가 바쁘게 돌아가던 어느 날, 투자 전략과 데이터 처리에
대한 기획서를 만들어 팀장님께 보여 드렸다. 팀장님은 아이디어
가 좋다면서 이대로 진행시켜 보라고 했다. 회사에서 틈틈이 코딩
을 하고 퇴근 후에도 새벽까지 코드를 작성했다. 졸리면 잠시 눈
을 붙였다가 지하철에서도 쪽잠을 자면서 출근하는 나날이 계속
되었다.

그러나 계획만큼 순조롭게 진행되지 않았다. 코딩이 맞는 것
같은데도 실행시켜 보면 프로그램이 잘 돌아가지 않았다. 하나의
오류를 잡기 위해 몇 번씩 다시 검증하고 수정했지만, 생각만큼
진도가 나가지 않자 점점 마음이 급해졌다. 그렇다고 지금에 와서
엑셀 프로그램으로 작성하면 오히려 시간만 더 지체될 뿐이었다.
어떻게든 성공시켜야 했다. 며칠을 매달린 끝에 오류를 수정하고
프로그램을 완성했다.

"팀장님, 그때 제안했던 투자 전략 결과물입니다."

"이렇게 늦게 가져오면 어떡해? 리포트 발간에도 때가 있고 시
기라는 게 있어. 네가 늦게 가져와서 이 리포트는 발행할 수 없어."

며칠간의 고생이 물거품이 되는 순간이었다. 예정보다 지체되
어서 시장 상황에 안 맞는다고 하니 어쩔 수 없는 일이었다. '좀

더 일찍 끝내지 못한 내 잘못이지' 하지만 틈틈이 시간을 쪼개어 코드를 작성하고 최선을 다했기에 후회는 없었다.

다음 날 부서 앞에 쌓여 있는 리포트를 각 지점 우편함으로 배분하던 중 깜짝 놀라고 말았다. 어제 분명히 시장 상황에 맞지 않아서 발행할 수 없다던 리포트가 팀장님의 이름만 들어간 채 발간되어 있었다. 원래대로라면 나와 팀장님의 이름이 공동으로 들어가야 할 리포트였다.

문제를 기쁘게 받아들이는 것은 용기 있는 자만이 할 수 있다. 그러나 당시 나는 이 문제를 기쁘게 받아들이지 못했다. 매우 화가 났고 배신감을 느꼈다. '내가 얼마나 잠을 못 자 가면서 이뤄 낸 결과물인데, 어떻게 이렇게 뒤통수를 칠 수 있지?' 문제점과 헝클어진 감정을 곱씹고 또 곱씹었다. 그럴수록 절망과 배신감은 눈덩이처럼 커졌다. 팀장님이 미웠고 팀을 벗어나고 싶었다.

며칠이 지난 후 곰곰이 되돌아보았다. 지금 나는 쓸데없이 감정을 낭비하고 있었다. 감정은 사람의 판단력을 흐리게 만들지만 냉철한 이성은 얽힌 실타래를 풀 수 있다. 어떻게 해야 이 괴로운 감정을 끊어 낼 수 있을까? 감정에 뺄셈이 필요했다. 우선 사건과 감정을 나누어서 생각했다. 벌어진 일은 지나간 과거일 뿐 그 이상도 이하도 아니었다. 되돌리려고 해도 소용없는 일이었다.

지나간 일은 더 이상 떠올리지 않기로 했다. NBA의 레전드 선수인 래리 버드의 "현실이 가파른 오르막처럼 느껴질 때에는 정상에 올랐을 때의 광경을 생각하라."라는 말을 떠올리며 용기를 냈다. '그래, 내 리포트는 시장에 발간될 만큼 좋았던 거야. 나에게는 아직 많은 아이디어가 있어. 다시 도전해 보는 거야!' 내 리포트가 시장에 발간되었을 때의 광경을 떠올리며 다시 준비했다. 다음 리포트를 준비하다 보니 원망이나 미운 감정도 사그라지기 시작했다. 드디어 문제를 받아들이기 시작한 것이다.

마음을 가다듬고 다시 도전했다. 투자 전략에 관한 새로운 아이디어를 제안했는데 팀장님은 이번에도 아이디어가 좋다며 진행시켜 보라고 했다. 이번 리포트는 조건에 맞는 데이터를 눈으로 하나하나 검색해서 직접 손으로 골라내야 했다. 퇴근 후 난방이 꺼진 회사에서 홀로 추위와 싸워 가며 밤새도록 조건에 맞는 데이터를 가려냈다. 다음 날부터는 데이터를 처리하기 위해 프로그램을 짜는 생활이 이어졌다. 다행히 이번에는 예정대로 계획이 진행되었다. 예상 기간 내에 결과물을 갖다 드리자 팀장님도 흡족해했다.

오전에 보고를 마친 후 잠시 쉬고 있는데 팀장님이 부르는 소리가 들렸다.

"성희 씨, 내 자리로 좀 와 봐."

자리에 앉자 팀장님은 나지막이 이야기했다.

"이 리포트 쓰기 위해서 지금까지 찾은 데이터 다 내놔. 그 데이터가 네 거야?"

데이터가 필요한데 줄 수 있겠느냐고 의향을 묻는 것이 아니었다. 혼자서 열심히 찾은 데이터를 내놓으라고 반강제적으로 말하는 것이었다. 다른 팀원들에게 들리지 않도록 조용하게 목소리를 깔고서 말이다.

데이터를 내놓으라는 팀장님의 말에 순간 갈등했다. 데이터를 주지 않으면 회사 생활은 더욱 힘들어질 것이고, 애널리스트로서 시장에 리포트를 발간할 수 없을 터였다. 하지만 강압적인 압박에 더 이상 굴복하고 싶지 않았다.

"팀장님, 이 데이터의 절반은 제가 다른 사람에게 받았습니다. 그리고 절반은 제가 회사에서 찾은 데이터입니다. 회사에서 제가 찾아낸 데이터는 드릴 수 있지만, 다른 사람에게 받은 데이터는 드릴 수 없습니다."

단호하게 사실을 말하자 팀장님의 얼굴이 순식간에 달아올랐다. 팀장님은 화가 나서 소리쳤지만 나는 대응하지 않았다. 결단을 내린 사람은 용기를 갖고 사실만 말하면 될 뿐이었다.

힘든 상황을 대하는 태도에는 3가지가 있다.

첫째, '왜 나에게만 이런 일이 생기는 거야'라며 자신의 상황에 분노한다.

둘째, '내가 그럼 그렇지'라며 문제에 굴복하거나 동의한다.

셋째, 홀홀 털고 일어나 다음 일 혹은 미래를 위해 준비한다.

힘들고 원망이 가득한 일은 누구에게든 일어날 수 있다. 그러나 힘든 상황을 인정하지 못하고 "왜 나에게만 이런 일이 생기는 거야."라고 불평하는 사람은 끝내 발전할 수 없다. 갑자기 찾아온 시련에 당황한 나머지 불안과 원망을 자신이나 남에게 전가하지 말아야 한다. 불안은 두려움을 불러일으키고 두려움은 일을 그르치게 만들기 때문이다.

《죽음의 수용소에서》의 저자이자 로고테라피의 창시자인 빅터 프랭클 박사는 "누구나 삶으로부터 질문을 받는다. 삶이 던지는 질문은 삶을 통해 대답하는 수밖에 없다. 그리고 내 삶에 온전히 책임을 질 때에만 삶이 던지는 질문에 당당히 답할 수 있다."라고 말했다. 어떤 시련이 와도 절망을 이겨 내고 당당히 내 삶에 책임지는 사람이 되어야 한다. 뒤로 물러서는 자에게 남는 것은 좌절과 후회뿐이다. 절망 속에서 청춘을 낭비하지 않으려면 용기 있는 도전이 필요하다.

PART 2

머뭇거리는 청춘은
청춘이 아니다

머뭇거릴 바에는
차라리 실패를 선택하라

목표가 있어도 머뭇거리면 얻을 수 없다.
목표가 세워지면 실천해야 그 어떤 것이든 취할 수 있는 것이다.

- 토머스 J. 빌로드

명예퇴직과 구조조정의 칼바람이 휘몰아치는 연령이 점점 낮아지고 있다. 회사를 나온 직장인들은 이제 회사라는 보호막을 걷어내고 스스로의 길을 개척할 것인지, 끝이 보이는 회사의 보호막 속으로 다시 들어갈 것인지 결정해야 한다. 이 과정에서 느끼는 심정의 복잡함이란 이루 말할 수 없을 것이다. 번듯한 직장에 다니며 남들의 부러움을 샀던 사람들은 백수라는 참담한 현실을 받아들이기 쉽지 않다. 설령 대기업이 아니라 해도 회사가 꼬박꼬박 주는 월급 맛을 기억하는 직장인에게 회사 밖은 그야말로 정글과 같다. 모든 것을 손수 마련하고, 가족을 위해 거칠고 힘든 세상에서 더 힘들고 맹렬하게 쟁취해야 한다. 계획이 뜻대로 이루어지지 않고 돈이 점점 멀어지는 것을 느낄 때쯤이면 꿈과 목표는 물론이요, 삶에 대한 의지마저 꺾이고 만다.

나 역시 그러했다. 회사를 다니는 동안 한눈 팔지 않고 최선을 다했다. 경영학을 전공하면서 그토록 갈망했던 애널리스트로 일했고, 증권시황 방송과 경제신문사에 칼럼을 기고하기도 했다. 그러나 새벽부터 저녁까지 쳇바퀴 돌아가듯 일하고, 직장인의 고달픈 애환도 느끼다 보니 마음과 건강이 무너져 버렸다.

'내가 하고 싶었던 일이고 남들도 부러워하는 직업인데, 왜 이렇게 무기력하고 힘든 것일까?'

자신을 돌아보며 곰곰이 생각해 보았다. 마음과 몸이 힘든 상황에서 내가 내린 결론은 회사를 떠나는 것이었다. 몇 개월 전에도 부서의 대리 한 명이 퇴사한 전례가 있어서 나는 "무역회사로 이직한다."라며 하얀 거짓말을 하기로 했다. 이유 없이 퇴직한다고 하면 팀장님 고과에 안 좋은 영향을 미치기 때문이었다. 퇴사하는 날, 팀장님은 나에 대해 작성한 평가서류를 건네주며 직접 인사팀에 전달하고 가라고 했다. 거기에는 '최성희는 팀원들과 말썽과 분란을 일으켰으며 팀장이 여러 차례 회유했지만 듣지 않았고 결국 자신의 의사대로 이직함'이라고 적혀 있었다. 차라리 보지 말걸 하는 후회가 밀려왔다.

'결국 내 회사생활이 이렇게 정리되는구나'

쏟아질 것 같은 눈물을 꾹꾹 참으며 그렇게 회사를 떠났다.

퇴직 후 일주일 동안은 정말 좋았다. 그동안 밀린 잠을 실컷 자며 아무 생각도 하지 않았다. 그런데 일주일이 지나자 불안감이 엄습했다. '내일은 뭘 하지? 앞으로 무얼 해서 먹고 살아야 할까?' 라는 두려움이 밀려오기 시작했다.

직장이라는 안전한 보호막을 걷어내자 나에게 남아 있는 것은 아무것도 없었다. 매월 일정한 날짜에 입금되던 월급이 사라지자 당장 먹고살 일이 급해졌고, 하루하루 지날수록 번민과 두려움에 휩싸여 갔다. 친척들이 알아봐 주고 좋아해 주던 나의 이력과 직장생활은 직장을 나오자 화려하게 실패한 인생이 되어 남들이 혀를 차며 불쌍한 눈빛으로 바라보는 기막힌 현실이 되었다.

처음에는 주눅이 들어 대인기피증까지 생길 정도였다. 주변 사람들은 "여자가 시집이나 가지 무슨 회사 생활한다고 그래?", "그냥 아무 데나 적당한 회사에 빨리 들어가. 회사는 다 거기서 거기다."라며 우울한 말들만을 건넸다. 나는 한동안 방 안에만 처박혀 모든 만남을 기피했다. 그러던 중 '아직 서른도 안 된 내 인생, 왜 남들 이목에 휘둘려 이렇게 전전긍긍하고 있을까. 남들이 내 인생을 대신 살아 주는 것도 아닌데 왜 타인의 시선에 내가 이렇게 괴로워해야 하는 걸까?'라는 생각이 들었다. 바닥을 치고 나니 오기가 발동했다. 나는 이제 다시는 남들의 말에 휘둘리지 않기로 결심했다.

한 달이 지났을 무렵, 한 통의 전화가 걸려왔다.

"최성희 씨 핸드폰인가요?"

"네, 맞습니다. 누구세요?"

"한화증권 인사팀 상무입니다. 할 이야기가 있으니 만났으면
합니다."

여의도 증권가 커피숍에서 만난 상무님은 의외의 말씀을 하셨다.

"성희 씨가 일을 대충대충 했다고는 생각하지 않아요. 회사에
다시 들어온다면 가고 싶은 부서가 어디든 원하는 대로 보내 줄
게요. 회사로 다시 들어와요."

상무님의 말씀을 듣는 순간, 마음속에서는 갈등이 시작되었다.

그즈음 나는 직업에 대해 고민하고 있었다. 퀀트 애널리스트는
하루 종일 컴퓨터 모니터 앞에 앉아 데이터와 씨름해야 한다. 데
이터를 다운받아 가공해서 의미 있는 자료와 통계를 만들어야 한
다. 모든 것이 수치화되고 계량화되어야 했다. 만약 베스트 애널리
스트의 순위권 안에 오른다면 여러 회사에서 스카우트 제의를 받
고 높은 연봉을 받을 수도 있었다.

하지만 돈이 문제가 아니었다. 마음이 즐거운 일을 하고 싶었
다. 직업을 바꿔야 한다면 이번에는 하고 싶은 일이 아닌, 적성에
맞는 즐겁고 재미있는 일을 하고 싶었다. 오랜 시간 일해도 엔도

르핀이 솟아나고 몸은 지쳐도 마음은 지치지 않는 일 말이다. 고민을 거듭한 끝에 변화를 선택하기로 결심했다.

"난 다른 일을 할 수 없어."
"이제 와서 무슨 새로운 일이야."
"실패하면 어떻게 해? 만족하지는 않지만 난 이대로 살 거야."
많은 사람들이 변화를 두려워한다. 변화는 새로운 시작과 동시에 익숙한 것과의 결별을 의미한다. 익숙한 것과 헤어지는 것이 쉬운 일은 아니다. 익숙한 사고방식, 행동 습관, 직업, 사람들과 작별해야 하기 때문이다. 그러나 변화할 시기에 변화하지 않으면 결국엔 도태되고 만다. 애벌레는 허물을 벗어야만 아름다운 나비로 다시 태어날 수 있다. 그렇지 않으면 나비가 되지 못한 채 평생을 애벌레로 살다가 죽을 뿐이다. 변화란 때로 개혁에 가까운 탈바꿈을 요구하지만, 성공하면 과거와는 전혀 다른 눈부신 삶을 살 수 있게 해 준다.
미국의 소설가 아나이스 닌도 새로운 삶을 시작하는 것의 어려움을 이렇게 표현했다.

"사람들은 익숙한 인생의 사이클로부터 박차고 나와야 한다. 도약은 어려운 것이다. 자신의 신념을 되살리고, 자신의 사랑을 다시 살리고 싶은 그 순간에 신념, 그 사랑과 결별하지 않으면 안 된다."

변화는 누구에게나 어려운 일이다. 하지만 마음이 원하는 일이라면 기꺼이 변화해야 한다.

나는 적성에 맞는 즐거운 일이 하고 싶어서 변화를 선택했다. 변화를 수용해서 즐거운 일을 하기까지 10년이 걸렸다. 말하자면 10년의 번데기 기간을 보낸 것이다. 껍질 속에서 잠을 자면서 아무것도 하지 않는 시기, 변화를 선택했지만 변화가 보이지 않는 시기, 탈피에 성공해 결과물이 눈에 보이기까지 10년의 시간이 걸렸다. 번데기로 지내는 시간들이 힘들어서 스스로 껍데기를 찢고 나오고 싶었던 적도 있었다. 하지만 눈부신 탈바꿈을 위해 스스로 껍데기를 찢어 버리는 어리석은 변화는 시도하지 않았다.

변화에는 분명 대가가 따른다. 그러나 하나를 잃고도 열을 얻을 수 있는 것이 변화다. 예전 직장과 직함, 동료들을 잃었지만 지금 나는 또 다른 일터에서 환자들을 만나고 치료하며 즐거움과 보람을 느낀다.

우유부단한 사람은 변화를 두려워하고 타인의 시선에 민감하다. 자신의 인생에서 주도권을 갖지 못해 남들의 말에 쉽게 흔들리고, 결단을 내리지 못한다. 인생은 '생각만 하는가, 행동으로 옮기는가'의 양자택일이다. 1분을 생각하건, 1년을 생각하건 어느 쪽으로든 결정해야 한다. 생각만 한다고 얻을 수 있는 것은 없다. 결단을 내리고 행동으로 옮겨야 한다.

이제 선택의 시간이 다가왔다. 과감하게 변화를 받아들일 것인가, 머뭇거리며 후퇴할 것인가. 답은 이미 정해져 있다. 머뭇거릴 바에는 차라리 실패를 선택하라.

거대한 피라미드도
작은 돌 하나에서 시작된다

큰 그릇 속의 효모 하나가 밀가루를 발효시키듯
오늘 시작한 작은 행동이 내 모든 것을 변화시킬 것이다.

- 마리안 반 아이크 맥케인

흔히 사소한 차이가 명품을 결정한다고 한다. 사소한 차이란 디테일이요, 기초이자 기본적인 사항들이다. 제품의 품질과 같은 기본적 사항들을 무시하고 빨리 만들어 빨리 파는 속도에만 신경 쓴다면 사람들에게 외면당하고 말 것이다. 기본을 지키는 것은 중요하다. 꿈을 이루어 가는 과정에서 기본이란 무엇일까? 바로 좋아하는 일, 즐거운 일을 하는 것이다.

아프리카에 가서 의술을 베풀며 생명 구호활동을 하는 것이 꿈인 청년이 있다고 하자. 의술을 펼치기 위해서는 해부학을 필수적으로 공부해야 한다. 만일 청년이 피를 보는 것을 무서워하고 조그만 상처에도 호들갑 떤다면 그에게 의술은 평생 스트레스가 될 것이다. 즐거운 마음으로 온 힘을 다해서 꿈을 위해 노력해도 모자랄 판에 스트레스까지 받는다면 꿈은 물거품처럼 사라지고 말 것이다. 마음이 즐거운 일을 한다는 것은 꿈을 이루는 데 있어 매우 중요하다.

대학원 진학을 준비하던 중 목이 아파왔다. 그러나 어디서 어떻게 치료해야 할지 몰라 그대로 참고 지낸 것이 화근이 되어 졸업할 때쯤엔 진통제로도 통증이 가라앉지 않는 지경까지 이르렀다. 경추 엑스레이를 찍었지만 원인을 찾을 수 없었다. 의사의 권유대로 목 보호대를 6개월 동안 착용했지만 시간이 지날수록 통증은 더 심해졌다. 침대 모서리에 고개를 기역 자로 꺾어야만 간신히 잠에 들 수 있었다.

어느 날 내 사정을 아는 친구가 말했다.

"침을 잘 놓는 분이 계셔. 나도 그분에게 치료받고 좋아졌어. 우리 같이 가 보자."

당시 나는 한방 치료에 대해서 전혀 알지 못했다. 몸이 아프면 일반 의원에 가서 양약을 처방받아 복용하는 것 외에는 몰랐다. 그래서 친구가 침을 맞으러 가자고 했을 때 무슨 말도 안 되는 소리냐며 일축했다. 그러나 통증은 날이 갈수록 심해졌다. '이렇게 아파서 죽을 바에야 무언가 시도라도 해 보자'라는 생각이 들었고 결국 치료를 받기로 결정했다.

친구와 함께 어느 아파트 안으로 들어가자 안에서 몇 사람이 침을 맞기 위해 차례를 기다리고 있었다. 치료하는 분이 나를 눕히더니 잠시 후 일어나라고 말했다. '침을 빼야 일어날 텐데'라고 생각하는 순간 그분이 내 몸을 벌떡 일으켜 세웠다. 몸을 살펴보니 침이 없었다. 그것이 금침이라는 것을 나중에서야 알았다. 금침은 한 번 삽입하면 평생 몸속에 지니고 있어야 한다. 수술하지 않는 한 제거할 수 없다.

'내 인생은 왜 이리 힘든 걸까. 나는 왜 이렇게 건강이 안 좋은 걸까'

집에 돌아온 후 갑자기 눈물이 쏟아졌다. 몸속에 무언가를 지닌 채 평생을 살아야 한다는 생각에 서러움은 배가 됐다. 금침이 몸속에서 자리를 잡는 2~3일 동안 창자가 무언가에 찔린 것처럼 아프고 속이 불편했다. 통증이 느껴질수록 '이대로 죽는 건가' 하는 불안감도 커졌다.

며칠 후 금침이 몸속에서 자리 잡은 후, 이왕 치료를 시작했으니 죽든 살든 꾸준히 받아 보기로 했다. 치료받는 매 순간이 고통스러웠다. 그래도 전보다는 조금씩 더 좋아지고 있음을 생각하며 끈질기게 치료를 받으러 다녔다. 나중에는 목 보호대를 착용하지 않아도 될 만큼 통증이 호전됐다.

그러던 어느 날, 친구가 전화를 걸어와 수화기 너머로 펑펑 울기 시작했다.

"성희야, 선생님이 감옥에 갇히셨어. 어떻게 하지…"

믿기지 않았지만 사실이었다. 알고 보니 환자 중 한 명이 치료 과정에 불만이 생기자 그분이 무면허 시술자임을 경찰에 신고한 것이었다. 면허가 없는 상태에서 금전을 받고 시술했으므로 법을 어긴 것은 사실이었다. 내 곁의 누군가가 신체의 자유를 억압받는 곳에 있다는 현실이 믿기지 않았다.

친구와 함께 편지를 써서 그분을 찾아갔다. 철창 너머로 야위어 있는 그분의 모습을 보자마자 눈물이 흐르기 시작했다.

"난 괜찮아. 걱정하지 마."

우리를 안심시키려는 그분의 목소리에서 피로와 절망이 느껴졌다. 그동안 치료받은 환자들이 진정서를 제출해 다행히 그분은 무사히 풀려날 수 있었다.

그 후 나는 직장에 들어가게 되었고 바쁜 생활로 인해 더 이상 치료를 받지 못했다. 직장을 다니면서 더욱 절실히 깨달은 점은 바로 건강의 소중함이었다. 잦은 야근과 고된 업무에 지친 심신의 건강을 회복하기 위해 퇴직 후 한의학에 관심을 갖게 되었다.

그러나 직업으로서 한의사를 선택할 것인지, 취미로 한의학을 배울 것인지 고민이 깊어졌다. 금전을 받고 무면허 의료행위를 한 대가가 어떤 것인지 생생히 보았기 때문이었다. 한의사의 길을 가게 될 경우 지금까지의 전공을 버리고 처음부터 다시 시작해야 된다는 점이 부담스러웠다. 더욱 고민된 것은 한의학이 과연 나의 적성에 맞는가 하는 점이었다.

일단 작은 것부터 시작해 보기로 했다. 마침 신문 광고란에서 기초 침구과정 수강생을 모집한다는 공고를 보고 바로 등록했다. 수업시간에 몇 개의 대표적인 혈 자리를 알려 주면 집에 돌아와 내 몸에 직접 침을 놓아 보기 시작했다. 허리가 아플 땐 족소음 신경의 용천혈에 놓아 보았다. 용천혈이란 발가락을 발바닥 쪽으로 감싸 구부렸을 때 발바닥의 세로 정중앙선에서 오목하게 들어가는 곳이다. 몸에서 어떤 반응이 나타나는지 직접 경험해 보고 싶어서 서서히 침을 찔러 넣었다. 침이 들어가는 순간 팽팽하게 조이고 있던 끈이 스르르 풀리는 듯한 느낌이 들면서 허리가 편안해졌다. 침에 의한 신체 반응을 직접 경험한 후 한의학에 더욱 흥미를 느꼈고, 그 결과 나는 지금 한의사의 길을 걷고 있다.

미국 예일 대학교에서 '졸업생의 부 증식 현황'에 대해 연구를 진행한 적이 있다. 1,500명의 예일 대학교와 하버드 대학교 학생들을 대상으로 20년에 걸쳐 이들의 직업 선택의 기준과 축적 재산을 추적 조사했다. 이 중 83%인 1,245명은 좋아하는 일보다는 돈을 많이 버는 일을 선택했고, 17%인 255명만이 비록 연봉은 적어도 자신이 좋아하는 일, 꿈과 관련된 일을 직업으로 삼았다. 20년 후 이들의 결과는 놀라웠다. 전체 1,500명 중 백만장자에 해당하는 사람은 101명이었는데, 이 가운데 연봉을 기준으로 직업을 선택한 사람은 단 한 명뿐이었고, 나머지 100명은 좋아하는 일, 자신의 적성과 흥미에 맞는 일을 선택한 사람들이었다.

하고 싶은 일을 하며 사는 사람들은 행복하다. 어려움이 닥쳐와도 이들은 꺾이지 않는다. 자신이 하고 싶은 공부를 하고 자신이 원하는 사람들을 만나며 삶의 주도권을 가지고 즐겁게 살아간다. 단지 마음에서 원하는 일을 했을 뿐인데 일도 잘되고, 인간관계도 잘 풀리고, 돈도 풍족하게 벌 수 있는 것이다. 부모님의 기대에 맞추기 위해, 남들에게 잘 보이기 위해, 무조건 돈을 많이 벌기 위해서 하는 일은 영혼을 갉아먹는 행동이다. 남의 눈치는 그만보고 지금부터라도 좋아하는 일을 해야 한다.

한의대에 도전하겠다고 했을 때 주위 사람들은 한결같이 나를 말렸다. 나이도 많은데 처음부터 다시 시작해야 한다고 하니 지켜보는 사람도 갑갑해서 그랬을 것이다. 편입공부를 하는 도중, 한의대 자퇴생을 만날 기회가 있었다. 그는 자신의 자퇴 이유에 대해 이렇게 말했다.

"삼수를 하고서야 겨우 한의대에 들어갔어요. 그런데 한의사 선배들과 이야기를 나눠 보니 미래가 너무 암울했어요. 한의학에 흥미도 없고 해서 들어간 지 1년 만에 학교를 그만두었어요."

하지만 나는 이 말을 듣고도 흔들리지 않았다. '사' 자가 들어가는 직업의 장밋빛 미래를 보고 시작한 것이 아니었기 때문이다.

어디에서도 알지 못했던 병의 원인을 찾을 수 있었고, 치료 가능성을 열어 주었으며, 직접 경험하고 흥미를 가졌던 한의학이었기에 흔들리지 않고 밀고 나아갈 수 있었다. 현재 한의대 진학을 준비하고 있거나 한의학에 관심이 있지만 막연함에 주저하고 있다면 내 연락처인 010.8868.4249로 조언을 구해도 좋다. 이 길을 먼저 걸어간 인생 선배로서 기꺼이 당신의 멘토가 되어 줄 것이다.

건축가는 반석이 되는 모퉁이 돌을 올바르게 놓아야 제대로 된 건물을 지을 수 있다. 마찬가지로 꿈이란 집을 짓기 위해서도 기초를 올바르게 세워야 한다. 기초를 다진다는 것은 자신의 흥미와 적성을 알고 자신이 좋아하는 일을 하는 것이다. 좋아하는 일이란 눈 감고 책상에 앉아 찾을 수 있는 것이 아니다. 밖에 나가 부딪치고 경험해 본 후에야 깨달을 수 있다. 하나의 일을 경험해 보고 맞지 않는다면 다음 일에 도전해 보자. 혈 자리를 배우고 내 몸에 침을 놓아 본 후 한의학에 도전했듯이 처음엔 작은 일부터 시작해 보자. 시작이 반인 것처럼 좋아하는 일을 하는 사람은 이미 절반의 성공을 거둔 셈이다.

끌어내리기보다
앞서가라

만난 사람 모두에게서 무언가를 배울 수 있는 사람이
세상에서 제일 현명하다.

– 《탈무드》 중에서

성공하는 사람들은 오로지 한 곳에만 정신을 집중한다. 꿈과
목표를 세우고 주위에서 어떤 말을 하든 신경 쓰지 않고 매일 노
력한다. 어제보다 나은 오늘, 오늘보다 더 성장한 내일을 꿈꾸며
묵묵히 자신의 길을 개척한다. 그리고 기어코 성공의 열매를 거두
고야 만다.

성공한 사람들 주위에는 항상 질투의 화신들이 있다. 그들은
성공한 사람들이 가진 재능, 행복, 재산을 부러워한다. 자신의 재
능을 개발할 생각은 하지 않고 시기심과 질투심에 불타올라 성공
한 사람들을 근거 없이 비방한다. 나아가 꿈을 향해 전진하는 사

람들에게까지 "너는 안 돼.", "그건 불가능해."라는 말로 열정을 식히고 기필코 별 볼 일 없는 자신의 옆자리로 주저앉히고 싶어 한다. 그러나 이것은 스스로 괴로움을 자초하는 어리석은 행동일 뿐이다.

몇 년 전, 직장에 다니던 후배로부터 한 통의 전화를 받았다.

"언니, 저 이번에 회사에서 과장으로 최연소 승진했어요. '매일매일 최선을 다하자'라는 생각으로 일에 임했는데 회사에서 좋게 봐 주신 것 같아요. 그런데 승진하고 나니 사람들 시선이 달라졌어요. 처음에는 모든 축하 인사에 감사하게 생각했어요. 그런데 아니꼽게 보는 사람들이 많더라고요. 여성 상사가 생겨서 불편하게 여기는 남자 직원들도 있고요. 게다가 한 여직원은 제 앞에서는 웃으며 다정하게 말하지만 뒤에서는 헛소문을 퍼뜨리고 다니더라고요. 제가 상사에게 아부하고 뇌물을 줘서 빨리 승진했다고요. 승진한 건 좋은데 전혀 근거 없는 소문들을 들으니 너무 속상하고 화가 나요."

많은 사람들이 타인의 성공에 대해 축하하기보다는 시기심을 먼저 느낀다. 남의 성공을 부러워하는 것은 당연히 있을 수 있는 일이다. 그러나 주체 못할 질투심으로 인해 한 뼘 한 뼘 노력으로 일군 누군가의 성공을, 말의 힘을 빌어 산산이 부서뜨리는 행동은 참으로 어리석은 짓이다. 험담과 시기, 질투는 스스로를 파괴할 뿐이다. 늘 남의 성공을 탐내고 파괴하는 사람이 어느 세월에 자신의 단점을 돌아보고 보완해서 성공에 이를 수 있겠는가?

나는 후배에게 이렇게 조언했다.

"근거 없는 소문에 대해서 신경 쓰지 말고 지금까지 해 온 것처럼 목표를 세우고 원하는 일에만 집중해. 시기, 질투하는 사람, 험담하는 사람은 어디에든 있어. 잘나갈수록, 성공할수록 그런 사람들이 많아질 거야. 하지만 결국엔 네가 승리자가 될 거야. 험담하는 사람들에게 가서 왜 그랬냐고 따지고 싸운다면 쓸데없는 일에 에너지를 낭비하고, 원하지 않는 일에 집중하는 결과를 초래하게 돼. 다툼이 일어날수록 그들은 더 좋아해. 선으로 악을 이기라는 말이 있잖아. 그들에게 예의를 갖추고 모르는 척 눈감아 줘. 실제로 너를 겪어 본 사람은 네가 그런 사람이 아니라는 걸 알게 될 거야. 그러면 시간이 지날수록 너에 대한 호감이 상승할 거야."

지금 그 후배는 팀장으로 승진했다. 그녀의 말에 의하면 처음에는 원하는 일에만 집중하는 것이 쉽지 않았다고 한다. 소문에 휘둘려 이상하게 쳐다보는 사람, 험담하는 사람들이 미웠고, 복수하고 싶은 마음이 가득했다고 고백했다. 하지만 지금 이겨 내지 못하면 언젠가 높은 자리에 올라갔을 때 같은 일이 자신의 발목을 잡으리라고 생각했다. 그녀는 표리부동한 여직원, 여자 상사를 껄끄러워하는 남직원에게 먼저 다가가 도움의 손길을 내밀었다. 그러자 얼음장처럼 차갑던 마음들이 차츰차츰 녹아내리기 시작했다. 비록 여전히 험담하는 사람들은 있지만 그녀는 더 이상 상처받지 않는다. 그럴수록 그녀는 원하는 목표에만 더욱 집중할 뿐이다.

"사촌이 땅을 사면 배가 아프다."라는 속담은 사람의 질투심을 잘 표현하는 말이다. 오랜 만에 동창회에 나가서 성공 가도를 달리고 있는 친구를 보면 별별 생각이 들 것이다. 나보다 공부도 못했었는데, 따돌림 당했었는데, 우리 집보다 가난했었는데 등의 이유들에도 불구하고 성공한 친구를 보면 배가 아프고 부아가 치밀어 오를 것이다. 친구가 어떤 노력을 해서 어떻게 성공했는지 들어 볼 생각은 하지도 않고 말이다.

비방가들은 '지각된 한계(Perceived Limitation)' 속에 갇혀 있다. 지각된 한계란 할 수 있는 것과 할 수 없는 것을 미리 경계 짓고 새로운 일은 시도조차 하지 않는 것이다. 비방가들은 스스로 일찌감치 자신의 한계를 정해 놓고 도전할 의지가 없다. 의식 속에서 '나도 얼마든지 할 수 있어'라고 다짐하지만, 무의식 속에는 '나는 어차피 해도 안 돼'라는 패배감으로 가득 차 있다. 이런 사람이 할 수 있는 것이라고는 험담으로 상대방을 깎아내리고 자신을 고립시키는 것뿐이다.

비슷한 처지의 사람이 성공했을 때 질투심은 더욱 강하게 불타오른다. 나와 비슷한 직위, 비슷한 등수, 비슷한 조건의 동료나 친구들이 성공했을 때 시기심은 활발하게 작동한다. 시기심이 강한 사람들은 동료의 성공에 충격을 받고 쓸데없는 곳에 감정을 소모한다. 동료에 대해 험담하고 근거 없는 말이 멀리 퍼져 나갈수록 성공한 친구를 쓰러뜨린 것 같은 승리감에 젖는다. 하지만 사람들은 사실은 험담하는 사람이 패배자이고 못난 사람이라는 것을 잘 안다. 시기심은 상대방이 아닌 자신을 파괴하는 적이다.

미국의 제32대 대통령 프랭클린 루스벨트의 영부인이었던 엘리너 루스벨트 여사는 "당신이 동의하지 않는 한 이 세상 누구도 당신이 열등하다고 느끼게 할 수 없다."라고 말했다. 열등감은 자신이 만들어 낸 쓰레기다. 열등감으로 소중한 내 삶을 망칠 수는 없다. 끊임없이 남과 비교하고 자신을 지치게 만드는 어리석은 행동은 이제 그만두어야 한다. 내 안에도 많은 능력과 자질이 있음을 믿어야 한다. 마음의 감옥에서 빠져나오는 길은 내 안의 가능성을 믿고 당당히 행동하는 것이다.

종종 주위에서 "성공한 사람들의 수기를 읽는 것은 시간 낭비야. 그 사람들의 글을 읽는 것은 따라 한다는 것밖에 안 돼. 내 인생은 내가 개척하는 거야."라고 말하는 사람들이 있다. 성공한 사람들에게는 특별한 성공 비법이 있다. 열정, 끈기, 품성, 용기, 비전 등 하나같이 중요한 요인들이 곳곳에 숨어 있다. 《탈무드》 격언에 "만난 사람 모두에게서 무언가를 배울 수 있는 사람이 세상에서 제일 현명하다."라는 말이 있다. 성공한 사람들을 시기하기보다는 배우려는 자세로 그들을 바라볼 때 성공 비결이 보일 것이다.

"부러워하면 지는 것이다."라는 말로 자기를 속이는 사람들이 있다. 내가 갖지 못한 재능이나 열정을 가진 사람을 부러워하는 것은 인간의 당연한 본능이다. 다만 부러움이 지나쳐 깎아내리고 험담하는 것이 문제다. 성공한 사람들을 마음껏 부러워하라. 하지만 성공 이면에 숨겨져 있는 그들의 노력과 열정도 본받아야 한다.

당신이 비방가라면 이제 열등감이라는 마음의 감옥에서 빠져나와야 한다. 비교에 시달려 성공한 사람들을 끌어내리려는 행동은 당장 그만두자. 시기와 질투에는 대가가 따른다. 주위 사람들과 자신에게 좋은 영향력을 끼칠 사람들이 모두 지쳐서 떠나버리기 때문이다. 동기부여로 똘똘 뭉친 사람을 험담이나 시기, 질투로 꺾을 수는 없다. 이들을 한 번 꺾었다고 이긴 것 같은가? 이들은 언제든 다시 일어나고야 만다. 그러나 험담하는 사람은 게으르고 실행력이 없어서 넘어져도 다시 일어나지 못한다.

선택은 당신에게 달려 있다. 닮고 싶은 성공자들의 성공 비결을 배워서 더욱 힘차게 전진할 것인가, 성공자를 깎아내리며 항상 뒷걸음질만 칠 것인가. 성공한 사람들을 시기하는 마음이 든다면 매일 이렇게 외쳐 보자.

"끌어내리기보다는 앞서갈 생각을 하자!"

단 한 걸음만으로도
두려움은 사라진다

두려움에 대한 가장 과감하고 효과적인 해결책은
직접적인 행동이다.

– 윌리엄 번햄

한 취업조사기관에 의하면 취업 준비생들은 평균 24곳에 원서를 넣는다고 한다. 고용 절벽에 직면한 청년들은 기업에 입사하기 위해 3~4개 이상의 자격증을 기본으로 취득한다. 안정적인 직장을 얻기 위해 몇 년 동안 공무원 시험을 준비하기도 한다. 졸업 후 공백기를 가진 채 구직에 응하면 기업은 실력 없는 사람으로 치부하고 등용의 문을 닫아 버린다. 이 때문에 대학생들은 휴학을 해서라도 외국 연수를 다녀오고, 각종 공모전에 응시해 스펙 쌓기에 열중하고 있다.

이것은 모두 두려움에서 시작된 일이다. 남과 다른 길을 가면 불안하고, 모두가 함께 가는 길에서 한 발자국만 떨어져 있어도 낙오되었다는 두려움이 앞선다. 옆 친구가 공부하면 나도 공부해야 할 것 같고, 다른 친구가 어학연수를 가면 나도 어학연수를 가야 안심이 된다. 피리 부는 사나이를 뒤쫓는 쥐 무리처럼 무리 안에 있어야 안정감을 느낀다. 무리에서 일등을 차지하는 쥐가 세상에서 일등을 하는 것 같지만, 실상은 굴비 엮듯 실에 꿰어 내 생각, 내 의지라고는 없이 앞의 쥐만을 따라갈 뿐이다. '가다 보면 좋은 곳이 나타나겠지' 하며 따라가지만 결국 바다에 빠지게 될 뿐이다.

나의 학창 시절 역시 그러했다. 대학교에 들어가면 영화에서처럼 잔디밭에 앉아 따사로운 햇살을 즐기며 여유로운 삶을 즐길 줄 알았다. 그러나 현실은 학점의 노예가 되어 재수강까지 해서 학점 올리기에 바빴다. 학점이 나쁘면 실패한 인생으로 전락하는 것만 같았다. 4학년이 되어서도 정규수강 학점 이상의 학점을 취득하며 성적 관리에 힘써야 했다.

막상 졸업할 때쯤 되자 취업 준비가 하나도 안 되어 있던 나는 사회에 나가는 게 두려웠다. 그 흔한 토익 점수조차도 없었고, 남은 것이라곤 그저 적당한 수준의 성적뿐이었다. 할 수 있는 일은 대학원 진학뿐이었다. 다행인 것은 내가 전공을 좋아했다는 점이다. 대학원에서의 2년도 꿈결처럼 금세 흘러갔다. 눈을 떠 보니 어느새 사회에 발을 디딜 시간이었다. 아직 두렵고 준비가 안 되어 있었지만 대학원까지 나와서 뒷걸음질 치며 도망갈 수는 없었다. 몇 달간의 노력 끝에 마침내 회사에 취직할 수 있었다.

돌이켜 보면 나의 20대도 여느 20대와 같았다. 초·중·고등학교, 대학교 그 후 취업이나 대학원 진학. 무리에서 이탈해 나만의 길을 가도 세상이 무너지는 것이 아닌데 20대 중반까지 그럴 용기가 나지 않았다. 기업에 입사해 이런저런 일들을 겪어 보고 나서야 과연 이 길이 맞는지 뒤돌아볼 자신감이 생겼다. 그전까지 나는 눈가리개를 한 경주마처럼 앞만 보고 달렸다. 이 길이 맞는지 틀린 지도 모른 채 무리와 함께 질주할 뿐이었다.

부모님들은 자식이 평탄한 길로 가기를 원한다. 무리에 섞여 그 속에서 앞장서기를 바란다. 학교에서 공부 잘 하고, 번듯한 직장을 잡기를 원한다. 하지만 인생에는 용기가 필요하다. 무리에서 빠져나와 나만의 길을 가기 위한 단 한 걸음의 용기가 필요하다.

"저는 언제나 창의적이고 싶었고, 저만의 요리를 하고 싶었어요. 하지만 그 방법에 대해선 잘 알지 못했죠."

열한 살의 나이에 요리 천재라고 불렸던 플린 맥개리. 그는 어릴 적 방송을 시청하던 도중 문득 요리를 하고 싶은 마음이 들었다. 소년이 제일 처음 한 일은 서점에 가서 가장 두꺼운 요리책을 사는 것이었다. 그는 책에 나온 조리법대로 요리를 따라 하기 시작했고, 부모님의 전폭적인 지원에 힘입어 집을 개조해 작은 레스토랑을 만들었다. 그곳에서 소년은 18개의 코스 메뉴를 선보이며 가족을 위한 요리에서 점차 고객을 위한 요리로 발전시켜 나갔다. 학교 수업은 인터넷 강의로 대체하고 현업 경력을 쌓았다. 현재 비벌리 힐스, 로스앤젤레스, 샌프란시스코에 이어 뉴욕까지 플린의 레스토랑은 점차 확대되고 있다. 오너 셰프를 일찍 시작한 이유를 묻자 그는 이렇게 말했다.

"'왜 더 기다려야 하나?'라는 질문이 있으면 '왜 지금 하면 안 되나?'라는 질문도 할 수 있습니다. 물론 저도 10년 더 기다렸다 할 수 있었겠죠. 그런데 그렇게 하면 뭐가 달라지나요? 요리사가 되는 길을 간다고 해서 셰프가 될 수 있는 방법을 배울 수 있는 게 아니잖아요. 그냥 뛰어들어야죠."

보통의 부모님이라면 이제 갓 10살을 넘긴 자식이 학교 공부는 뒷전이고 요리를 한다고 하면 선뜻 응원하기 어려울 것이다. 심지어 플린 자신조차도 말이다. 그러나 그는 공부 대신 요리책을 사다가 흉내 내면서 요리에 대한 자신감을 키웠다. 일류 주방장 밑에서 10년씩 고단하게 일하며 배우는 과정도 과감히 생략했다. 무리에서 나온 결과 현직 셰프들로부터 비난은 받을지언정 그는 좋아하는 요리를 하면서 꿋꿋이 자신만의 길을 가고 있다.

새로운 일을 시작하지 못하는 이유는 지레 겁먹기 때문이다.

일이 잘못될까 봐, 시간이 얼마나 걸릴지 몰라서 시작을 미룬다. 시작이 망설여질수록 일단 시작해야 한다. 펌프에 마중물을 부어야 우물 안의 물이 길어져 나오듯이, 시작이 있어야 다음 일도 계속할 수 있다. 아무리 백 번 결심해도 한 번의 행동이 없으면 일은 성취되지 않는다.

직장을 나와 한의대의 문을 두드리기로 결정했을 때는 그저 막막하기만 했다. 6년이라는 시간을 다시 대학에서 보내야 한다고 생각하니 가슴이 답답해졌다. 대학원 졸업까지 합하면 이미 학교에서 보낸 시간이 적지 않았다. 조금이라도 시간을 줄이기 위해 4~5년만 다니면 되는 편입을 선택하기로 했다. 그러나 편입도 만만치 않았다. 선발 인원이 적다 보니 2~3년 이상 공부한 사람들이 많았다. 수년간 공부한 사람들이 즐비한데 이들을 뚫고 합격할 수 있을지 의문이 들었다.

편입 준비 기간을 최대한 줄여야 했다. 하지만 꿈을 이루기 위해서는 국가에서 허락한 면허증이 필요했다. 법적인 테두리 밖에서 활동하는 것이 얼마나 큰 위험을 초래하는지 두 눈으로 똑똑히 보았기에 긴 시간들을 묵묵히 이겨 내기로 했다. 더 이상 두려움이 커지는 것을 막아야 했다. 결정을 내린 후 우울한 미래, 기나긴 시간 투자에 대해서는 더 이상 생각하지 않기로 했다. 생각을 멈추고 당장 학원에 달려가 카드를 긁고 등록했다. 등록하고 나니 이상하리만치 마음이 차분해졌다. 오히려 설레기까지 했다.

책을 쓰는 일도 두렵기는 마찬가지였다. 나는 세상에 선한 영향력을 미칠 수 있는, 내 이름으로 된 저서를 내고 싶은 소망이 있었다. 책을 쓰고 싶다는 열망이 타올랐을 즈음, 김태광 작가의 《마흔, 당신의 책을 써라》라는 책을 우연히 읽게 되었다. 나는 책을 읽은 후 바로 저자가 운영하고 있는 네이버 카페 〈한국 책쓰기 성공학 코칭협회〉에 가입하고, 〈1일 특강〉에 참석했다. 도대체 어떻게 해야 책을 쓸 수 있는지 알고 싶었다. 200여 권의 책을 쓰고 책 쓰기 코치로 활동하는 김태광 대표 코치의 수업을 들으면서 책 쓰기에 대한 감을 잡을 수 있었다.

하지만 막상 책을 쓸 시점이 다가오자 두려움이 앞섰다. 어떻게 글을 써야 할지 막막하기만 했다. 자료를 모아 놓고도 두려운 마음에 컴퓨터 앞에 앉지 못했다. 고민만 하다가 하루가 다 간 적도 있었다.

해결 방법은 간단했다. 마음을 가다듬고 컴퓨터 앞에 앉는 것부터 시작했다. 자판을 두들겨 한 줄 한 줄 써 내려가다 보면 조금씩 실마리가 보이기 시작했다. 생각을 엮어 하나의 글을 써 내려가고 꼭지가 완성될 때마다 기쁨과 희열을 느꼈다. 글이 막히거나 주제가 산으로 가면 잠시 쉬었다가 생각을 정리하고 다시 모니터 앞에 앉았다. 퇴고의 과정도 거칠 테니 걱정은 미뤄 두었다. 미국의 소설가 제임스 서버의 "제대로 쓰려 하지 말고, 무조건 써라."라는 말처럼 나의 생각을 머리 밖, 모니터 속으로 끄집어내는 데 최선을 다했다. 그러면 그다음은 손쉽게 풀리는 경우가 많았다.

실행하기에 알맞은 때란 없다. 다이어트를 시작하기로 마음먹었다면 오늘부터 식사량을 줄이고 신발 끈을 동여매고 가벼운 산책부터 시작하면 된다. 걷다 보면 발걸음이 가벼워지고 배 속이 편안해지는 것을 느낄 것이다. 안부 전화를 걸어야 한다면 무작정 번호를 누르고 상대방에게 안부 인사를 건네면 된다. 자신을 기억하고 전화해 준 것에 대해 상대방도 감사를 느끼고 통화가 끝나면 뿌듯해질 것이다.

하고 싶은 일이 있다면 더 이상 미루지 말고 가볍게 시작해 보자. 요리 천재 플린 맥개리는 요리책을 사서 따라 해 보는 것부터 시작했다. 나 역시 한의대에 가기 위해 학원을 등록해서 수업을 듣는 것부터 시작했고, 책을 쓰기 위해서 컴퓨터 자판을 두드리는 일부터 시작했다. 적당한 때에 계획대로 이루어지는 일은 없다. 때를 기다릴수록 때를 놓치기 쉽다. '나중에', '내일' 병에는 '지금', '오늘'이 치료약이다. 일을 시작하기에 앞서 두려움을 느낀다면 딱 한 발만 내디뎌 보자. 단 한 걸음만으로도 두려움은 사라질 것이다.

이등은 괜찮아도
이류는 안 된다

하루에도 여러 번 나는 자신을 돌아본다.
해야 할 일은 충실히 실행하였는지,
또 친구들에게 신의를 잃는 행동을 하지는 않았는지,
또 내가 배운 것을 몸소 실행에 옮겼는지 말이다.

– 공자

"진사 이상의 벼슬을 금하라."

"만석 이상의 재산을 모으지 마라."

"찾아오는 과객을 후히 대접하고, 흉년에 남의 논밭을 사지 마라."

"사방 100리 안에 굶어 죽는 사람이 없게 하라."

400년 넘게 부를 축적하고 증식한 경주 최 부자댁의 전통이
다. 한국 사회에서 재산이 많은 사람들을 보는 시선은 아직도 곱
지 않다. 뒷거래를 통해서, 남들을 착취해서, 담합해서, 정치 세력
과 결탁해서 부를 이루었을 거라고 지레짐작한다. 그러나 경주 최

부자댁은 올바르게 부를 축적하고, 정당하게 재산을 증식하고, 어려운 시기에는 주위 사람들이 더 이상 나락으로 떨어지지 않도록 도와줌으로써 오늘날까지 귀감이 되고 있다. 노블레스 오블리주를 실현한 일류의 삶을 보여준 것이다.

일등과 일류, 이등과 이류는 얼핏 들으면 비슷한 것 같지만 전혀 다르다. 일등보다는 일류라는 말을 들었을 때 더 기분이 좋고, 이등보다 이류라는 말을 들었을 때 더 자존심이 상한다. '등'은 단순히 등수, 서열, 순서를 나타낼 뿐이지만, '류'는 사람의 품성, 태도, 인격을 아우르는 말이기 때문이다.

일등을 하는 것은 어렵다. 하지만 일류가 되기는 쉽다. 개인은 밤을 새워서 노력해야 시험에서 일등을 차지하고, 기업은 불철주야 땀 흘려서 매출액을 최대로 늘려야 일등 기업이 될 수 있다. 하지만 일등을 지속하기란 쉽지 않다. 반면 일류가 되기 위해서는 자신을 가꿔 나가기만 하면 된다. 말과 행동, 인격, 품성 등을 매 순간 단속하고 흐트러지지 않도록 갈고닦는 것이다. 기업 역시 가치와 경영철학을 실현하며 노하우를 쌓아 존속해 나가면 일류 기업이 될 수 있다.

그러나 일류가 되기를 포기하고 이류에 머무는 사람들이 있다. 재산이 많다고, 권력이 있다고, 스펙이 좋다고 남을 깔보고 무시하는 사람은 이류에 불과하다. '갑질'은 명품으로 치장한 사람이 마음속은 저가의 짝퉁을 걸친 데서 오는 불협화음이다. 이류 인생이 좋아하는 것은 부정, 거짓말, 사기, 배신, 거품이요, 일류 인생이 좋아하는 것은 긍정, 보람, 노력, 가치, 실천이다.

한의원 원장님들과 만나 담소를 나누던 중 한 원장님이 직원에 대한 이야기를 들려주었다.

"이번에 한의원에 새로 들어온 직원이 있어요. 그런데 이분은 처음 들어온 날부터 일하는 자세가 남다르더라고요. 환자들한테 항상 웃으면서 상냥하게 대하고, 환자들이 불편한 점이 있으면 먼저 달려가서 상황을 해결해 주었습니다. 또 모두들 꺼리는 화장실 청소도 기꺼이 해 놓고, 간식이 있으면 원장실에도 갖다 놓고 다른 직원들이 먹을 수 있도록 준비해 놓더군요. 마치 내 일처럼 얼굴 한 번 찡그리지 않고 일하는 그분이 참 고마웠습니다. 그런데 회식 자리에서 그분의 사정을 알고는 깜짝 놀랐습니다. 젊을 때 이혼하고 아이 하나를 손수 키우면서 어렵사리 마련한 돈으로 음식점 하나를 인수받았는데, 잘못해서 사기의 덫에 걸려 가진 돈을 모두 날리고 말았더라고요. 아이를 생각해서라도 이대로 무너질 수는 없다는 생각에 낮에는 일하고 밤에는 학원을 다니며 간호조무사 자격증을 취득해 우리 한의원에 취직한 것이었습니다. 자신도 사업을 해 봐서 경영자의 어려움을 잘 알고 있다며 '이 한의원은 내 한의원이다'라는 생각으로 일한다고 하더군요. 직원이지만 전 그분이 참 고맙고 감사했습니다. 그래서 월급도 올려주고 편의도 봐 주었습니다. 이분과는 끝까지 함께 일하고 싶은 마음입니다."

　이야기를 들으며 그 직원이야말로 일류의 삶을 살고 있다는 생각이 들었다. 일류의 삶을 사는 사람들은 한결같이 긍정적인 마인드와 책임감을 갖고 있다. 거리를 말끔하게 청소하는 청소부, 아파트를 안전하고 깨끗하게 관리하는 경비원, 목숨을 아끼지 않고 화재 현장으로 뛰어드는 소방대원 모두 일류의 삶을 살고 있다. 돈이 많다고 잘난 척하며 남을 업신여기는 사람은 이류다. 그러면 남도 나를 업신여길 뿐만 아니라 이류에서 헤어나지 못한다.

　한번은 신문에서 이런 기사를 본 적이 있다.

　중국 산동성의 여기자에게 한 통의 전화가 걸려왔다. 전화를 건 남자는 슈퍼마켓 앞에서 주운 지갑을 주인에게 돌려주고 싶으니 가게 앞에서 만나자고 했다. 하지만 남자는 나타나지 않았고 발길을 돌리려던 기자에게 남자는 전화로 자초지종을 설명했다. 사실 지갑은 주운 게 아니고 자신이 훔친 것이며 돈과 기부 증명서가 있는 것을 보고는 죄책감이 들어 돈을 쓸 수 없었다는 것이다. 훔친 지갑은 슈퍼마켓의 보관함에 넣어 뒀으니 주인에게 꼭 돌려 달라는 말도 덧붙였다.

　지갑을 훔친 남자의 삶은 물질적인 측면에서는 이등에 불과했다. 돈도 없고 백도 없고 가난했으니 말이다. 지갑을 훔친 행위 역시 이류였다. 하지만 양심의 가책을 느껴 지갑을 돌려주겠다고 결정한 순간부터 그는 더 이상 이류가 아닌 일류의 삶을 살기 시작한 것이다. 독일의 문학가 로가우의 "자기 자신과 싸우는 일이야말로 가장 힘이 드는 싸움이며, 자기 자신에게 이기는 일이야말로 가장 값진 승리다."라는 말처럼 그는 자신과의 싸움에서 승리한 것이다.

이류는 이기적이고 자신밖에 모른다. 또한 뭐든지 쉽게 얻으려고 한다. 그래서 거짓말과 사기에 능하고 배신을 일삼는다. 남의 돈을 뺏어 펑펑 쓰면서도 죄책감을 느끼기는커녕 항상 뻔뻔하다. 일이 잘못되면 상대방을 탓할 뿐 자신의 잘못은 없다. 배려심과 양보심이란 더욱 찾아보기가 힘들다. 노력해서 돈 벌 생각은 하지 않고 오로지 쉽고 빠른 방법으로 물질을 얻을 궁리만 한다.

바느질 한 땀의 간격 2밀리미터, 특수 제작된 못 500개, 200가지의 공정, 5,000번 이상의 지퍼 품질 테스트, 4킬로그램의 돌을 넣고 가방을 바닥에 집어던지는 견고성 테스트. 이것은 루이비통이 가방 하나를 만들어 내기 위해 거치는 작업들이다. 루이비통을 일컬어 흔히 명품이라고 말한다. 명품에는 이렇듯 장인 정신과 혼이 담겨 있다.

일류의 사람들 역시 장인 정신과 혼을 가지고 있다. 되는 대로 삶을 살지 않고 자신의 삶과 태도를 끊임없이 디자인하고 가꿔 나간다. 흠집이 나면 그대로 두지 않고 잘못을 바로잡고 고친다. 작은 일 하나도 소홀히 여기지 않고 완벽히 해내려고 집중한다. 이들은 어려운 상황도 집중과 끈기를 가지고 극복해 낸다. 쉽지 않은 길임을 잘 알면서도 한 발 한 발 최선을 다해 결승선까지 도달한다. 결국 자신만의 스토리를 만들고 성공 신화를 이루어 낸다.

많은 사람들이 명품을 갖고 싶어 한다. 명품에는 시간이 지나도 변치 않는 가치와 우월함이 있기 때문이다. 소유자를 위한 배려와 따뜻함, 당당함과 도전정신이 녹아 있기에 명품을 소유하려는 것이다. 마찬가지로 일류의 사람들도 높은 품격과 인품, 끈기와 실천력을 지니고 있어 누구나 가까이 하고 싶어 한다.

〈개그 콘서트〉에서 "일등만 기억하는 더러운 세상"이란 말이 유행한 적이 있다. 치열한 경쟁의 우울한 단면을 나타내는 이 한마디에 사람들은 속이 뻥 뚫린 듯 통쾌해했다. 등수와 서열로 매겨지는 경쟁에서 일등은 오직 한 명일 수밖에 없다. 이런 경쟁에서는 이등을 해도 괜찮다. 이등이 그 사람의 품격과 자질을 의미하지는 않기 때문이다. 그러나 이류가 되어서는 안 된다. 자신을 올바로 가꾸지 못해 품격이 낮은 이류는 누구도 거들떠보지 않는다. 한 번뿐인 소중한 내 인생을 무의미하고 가치 없이 흘려보내지 말고, 누구나 갖고 싶어 하는 명품 인생을 살자.

집중과 인내로
한계를 넘어서라

최후의 승리는 출발점의 비약이 아니다.
결승점에 이르기까지의 견실과 노력이다.

– 존 워너메이커

"잘 때는 꿈을 꾸지만, 공부할 때는 꿈을 이룬다. 공부할 때의
고통은 잠깐이지만 못 배운 고통은 평생 간다. 공부는 원하는 것
을 이룰 수 있는 마법이다. 공부해라. 인생이 네가 원하는 스토리
로 바뀔 것이다. 바보처럼 공부하고 천재처럼 꿈꿔라."

반기문 전 유엔 사무총장의 말이다. 공부는 자신과의 고독한
싸움이다. 뚜렷한 목적도 없이 모두가 공부에 매진할 필요는 없
다. 하지만 꿈을 이루기 위해 공부가 필요하다면 시간을 투자해서
노력해야 한다. 바보처럼 묵묵하게 말이다.

추운 겨울이 지나고 개나리꽃이 필 무렵 편입학원에 등록했다. 한의대는 6년제지만, 편입을 하면 예과 2학년 또는 본과 1학년에 바로 들어갈 수 있었다. 또한 외국어나 다름없는 한문을 준비해서 들어갈 수 있다는 점이 편입의 장점이었다. 이전에 학원에 찾아가 준비 과목, 공부 방법, 소요 기간 등을 문의한 적이 있어서 3월이 되자마자 바로 등록했다.

한의대에 입학하기 위해서는 토플 점수가 필요했다. 토플은 듣기, 문법, 독해, 작문으로 구성되어 있다. 당시에는 토플이 CBT(Computer-based TOEFL) 방식으로 만점이 300점이었다. 나는 첫 시험에서 200점을 받았다. 가야 할 길이 멀었지만 포기할 수 없었다. 만약 토플 점수가 낮으면 생물과 한문에서 높은 점수를 받아야 했는데, 1~2문제 차이로 떨어지는 편입시험을 고려할 때 이제 갓 시작한 초보자가 몇 년을 공부해 온 학생들보다 월등히 높은 점수를 받는다는 것은 현실적으로 힘든 일이었다. 토플에서 최대한 높은 점수를 확보해야 남은 두 과목을 편안한 마음으로 공부할 수 있었다. 3개월의 시간 제한을 두고 토플에 집중하기로 했다.

아침 6시부터 밤 10시까지 오로지 토플만 공부했다. 실제 시험을 치르듯이 시험을 보고, 모든 문제들을 복습하고 관련 단어를 빠짐없이 외웠다. 작문에 대비해 에세이 한 편을 토씨 하나 틀리지 않게 암기해서 제한 시간 내에 그대로 적어 보았다. 리딩 파트는 모든 지문들을 꼼꼼히 분석하고 스스로 이해가 될 때까지 공부했다. 이해가 안 가면 영어 책을 뒤져 보고 주위 사람들에게 물어서 이해가 될 때까지 파고들었다.

리스닝 파트는 문제를 풀고 대본을 모두 이해한 후 틈날 때마다 계속해서 들었다. 나는 어학용 카세트 플레이어, 일명 찍찍이를 가지고 다니며 기상 후에도, 쉬는 시간에도, 밤에 잘 때도 이어폰을 끼고 영어를 들으면서 잠에 들었다. 리스닝 파트를 꼼꼼히 공부할수록 문법과 쓰기 파트에도 도움이 되었다.

스터디 시간에는 팀원들과 말이라도 할 수 있었다. 하지만 나머지 시간은 묵언 수행하듯 온종일 나 자신과의 싸움이었다. 말한마디 없이 오로지 책상에 앉아 목과 허리 통증을 참아가며 눈물이 날 정도로 공부했다. 비염 수술을 받은 날도 병원 문턱을 나서는 순간 어김없이 도서관으로 향했고, 스터디에 참석했다. 3개월 후 드디어 꿈에 그리던 점수를 획득했다. 단 7문제만 틀리고 300점 만점에 280점을 받은 것이다.

절박할 때는 배수진을 쳐야 한다. 중국 한나라의 한신은 조나라와의 전투에서 강을 등지고 진을 쳤다. 비록 오합지졸이었지만 더 이상 물러날 곳이 없었던 한나라 군사들은 죽을 각오로 전투에 임했고 결국 승리를 거뒀다. 나 역시 더 이상 물러날 곳이 없었다. 전공을 버리고 처음부터 다시 시작해야 했기 때문이다. 가장 먼저 수험생의 적인 휴대전화와 텔레비전부터 없앴다. 사실 수험생이 통화할 일은 그리 많지 않다. 친구와의 잡담, 쓸데없는 인터넷 서핑이 대부분이다. 텔레비전은 시간을 잡아먹는 괴물이었기에 과감히 없애 버렸다.

다음으로 정해진 시간에 도서관에 가서 자리에 앉았다. 힘들거나 지쳐도 마음속에 다짐한 시간이 되면 공부하기 위해 자리에 앉았다. 사실 하루 종일 영어만 공부하기란 쉽지 않았다. 어떤 날은 공부하다가 토할 것 같았다. 목이 아프고, 허리가 휘고, 토할 것 같아도 견뎌낼 수 있었던 이유는 3개월이라는 시간 내에 점수를 확보해야 하는 절박함이 있었기 때문이다.

토플 점수를 획득한 후 나는 한문에 절박함을 쏟아부었다.

"'학이시습지 불역열호, 유붕자원방래 불역락호, 인부지이불온 불역군자호' 이 말을 해석하면 '배우고 때때로 익히면 또한 기쁘지 아니한가, 벗이 있어 먼 곳으로부터 오면 또한 즐겁지 아니한가, 사람들이 알아주지 않아도 성내지 아니하면 또한 군자가 아니겠는가'라는 뜻입니다."

한문 수업 첫 시간, 강사가 《논어》의 첫 문장을 해석해 주었다. 한자라면 1, 2, 3, 4밖에 모르는데 갑자기 한문 문장들을 해석하라고 하니 답답할 노릇이었다. 게다가 한문은 세부적으로 공부해야 할 과목들이 많았다. 《논어》,《맹자》,《중용》,《대학》,《명심

보감》,《고문진보》, 한국 시, 중국 시, 각종 한문 문장 등으로 양이 방대했다. 학원에서 개설된 과정을 따라가기만 해도 꼬박 1년이나 걸렸다. 제대로 해석 한 번 하는 것조차 힘들 것 같았다.

어떻게 공부할 것인지 공부 방법에 대해 고민했다. 한문은 외국어와 같아서 문장 구조를 분석하고, 해석해서 암기해야 했다. 수업 중에는 강사의 해석을 듣고 있으면 모두 이해가 된 것 같았다. 하지만 집에 돌아와 혼자 복습할 때면 해석이 안 되거나 헷갈릴 때가 많았다. 그래서 한문을 받아 적는 방법을 선택했다.

매 시간마다 한문 문장 바로 밑에 해석을 받아 적었다. 그러나 쓰는 속도가 말의 속도를 따라가지 못했다. 그래서 녹음을 하기로 했다. 집에 돌아와 수백 번씩 되감기를 해서 녹음을 다시 들으며 빠진 부분을 채워 넣었다. 5시간짜리 수업을 받아 적는 데 총 18시간 정도가 소요됐다. 한 글자 한 글자 적다 보면 손가락에 쥐가 났고, 가운데 손가락이 움푹 패여 몇 번씩 쉬어야만 했다. 하지만 멈추지 않고 계속해서 적고 또 받아 적었다.

공부는 어떻게 해야 하느냐는 질문을 받은 적이 있었다.

"당연히 머리가 아니라 엉덩이로 해야죠."

절박해서 공부하든 즐기면서 공부하든 모두 좋다. 하지만 변하지 않는 사실이 한 가지 있다. 공부는 인내심을 가지고 시간을 투자해야 한다는 점이다. 5시간 수업을 18시간 동안 받아 적는 일은 고통에 가까웠다. 매 순간이 인내심과의 싸움이었다. 하지만 방대한 양의 한문을 이해도 못한 채 암기만 할 수는 없었다. 알 듯 말 듯 한 것은 모르는 것과 같다. 나는 모르는 것을 해결하기 위해 묵묵히 의자에 엉덩이를 붙이고 앉아 인내로 버텨 냈다.

"마음에 있지 않으면 보아도 보이지 않고, 들어도 들리지 않고, 먹어도 그 맛을 모른다. 이리하여 몸을 닦는 것은 마음을 바로잡는 데 있다고 이르는 것이다."

사서 중《대학》에 나오는 글귀다. 신체의 모든 부분은 마음에 의존하고 있다. 마음 가는 곳에 행동도 뒤따르기 마련이다. 6년 동안 공부한 경영학을 버리고 다시 처음부터 시작해야 할 때는 모든 것이 낯설고 힘들었다. 고난이도의 토플, 생소한 한문, 대학 수준의 생물은 그 자체만으로도 나를 압박했다. 책상 앞에 앉아 있다가도 도망치고 싶을 때가 많았다. 공부가 힘들 때면 마음이 흐트러지고 집중력이 흐려졌다. 그때마다 책상 앞에 써 놓은 다음 문구를 보며 정신을 가다듬었다.

1. 나에겐 돌아갈 곳이 없다. 한 우물만 파자!
2. 온 마음을 다해 공부하자!
3. 책상에 늘 앉아 있자!

공부를 하기 위해서는 공부할 이유와 인내심 그리고 집중력이 필요하다. 이 중 한 가지라도 부족하면 쉽게 지치거나 열매 없는 결과를 맞이할 수 있다. 3가지가 조화를 이룰 때만이 결승선에 도달해 성공의 열매를 얻을 수 있다.

공부란 분명히 쉬운 것은 아니다. 끊임없는 자기 절제가 필요하기 때문이다. 놀고 싶은 것, 먹고 싶은 것, 누리고 싶은 것을 모두 절제하며 황금 같은 시간을 투자해야 한다. 헬렌 켈러는 "넘어야 할 한계가 없다면 도착한 후의 기쁨은 반으로 줄어든다. 건너야 할 어두운 계곡이 없다면 정상에서의 경이로움은 반으로 줄어든다."라고 말했다. 비록 지금은 힘들어도 계곡만 넘으면 정상에서 있을 기쁨을 떠올리며 가는 것. 공부에서는 바로 그것이 필요하다.

절실함이 답이다

장벽은 가로막기 위함이 아니라
우리가 얼마나 간절히 원하는지
증명할 기회를 주기 위해서 거기 서 있다.

– 랜디 포시

책을 읽는 사람들은 두 부류가 있다. 성공자의 수기를 읽고 동기부여를 받아 실천하는 사람, 똑같은 책을 읽고도 아무것도 얻지 못하는 사람이다. 실행하는 사람은 하나라도 건져서 꼭 내 것으로 만들겠다는 마음으로 책을 읽는다. 그러나 같은 책을 읽고도 변화하지 않는 사람은 건성으로 책을 읽는다. 흰색은 종이요, 검은색은 글자일 뿐 활자들 속에서 어떤 감흥도 받지 못한다. 둘의 차이는 바로 절실함이다. 실천력이 떨어지는 사람은 '나도 저 사람처럼 꼭 성공해야지'가 아니라 '별거 없네. 똑같은 소리만 하네'라며 무심코 지나쳐 버린다. 하지만 간절한 마음을 품지 않고 성공한 사람은 없다.

한의대 재학 중 봉사 활동에 참여할 기회가 있었다. 첫째 날은 간단하게 짐을 풀고 한의사 선생님들 곁에서 심부름을 하며 치료를 도왔다. 그런데 갑자기 한의사 한 분이 급한 일이 생겨서 봉사에서 빠지게 되었다.

"내일부터 우리랑 같이 치료에 참여해야겠네요."

봉사하고 싶은 마음이 있었던 나는 한편으로는 감사한 마음이 들었지만 한편으로는 두려운 마음도 들었다.

"제가 할 수 있는 게 별로 없습니다. 침을 놓아 본 경험도 많지 않습니다."

"괜찮습니다. 모르는 게 있으면 물어보고, 내가 도와줄 테니 내일부터 같이 해 봅시다."

그날 저녁, 거의 뜬눈으로 밤을 지새웠다.

'하나님, 저에게는 능력이 없습니다. 제발 도와주세요'

기도 후 잠든 사람들에게 방해가 되지 않도록 이불을 덮고 휴대전화 조명을 빛 삼아 경혈 자리들을 복습했다.

다음 날 아침 7시, 봉사실로 향했다. 아침부터 몰려들기 시작한 환자들로 치료실은 이미 북새통을 이루고 있었다. 마음속엔 '내 치료가 저분들의 병을 조금이라도 낫게 하는 데 도움이 되었으면 좋겠다'라는 생각뿐이었다.

첫 환자는 발바닥이 아파서 온 중년 남성이었다. 긴장한 탓인지 머릿속이 하얗게 변하며 사고가 정지되었다. 가까스로 정신을 차리고 생각나는 혈 자리에 침을 놓았다.

"악! 침 빼 주세요! 침 안 맞을 겁니다."

아픔 때문이었는지 발침(꽂았던 침을 뽑음)을 하자마자 환자가 씩씩거리며 치료실을 나가 버렸다. 온몸에 식은땀이 흘렀다. 첫 번째 환자는 그렇게 대실패로 끝났다. 그 뒤로도 환자들이 밀려 있었다. 바로 정신을 가다듬고 떠밀리듯 옆 환자에게 이동했다. 두 번째 환자를 치료하고 허리를 펼 새도 없이 바로 다음 환자에게 다가갔다. 잔뜩 긴장해서인지 2시간이 지나자 목과 허리가 점점 굳어져 갔다. 허리가 펴지지 않을 정도였다. 그렇게 저절로 겸손한 사람이 되어갈 즈음 아침 봉사 시간이 끝났다.

꿀맛 같은 휴식 시간이 지나고 다시 전쟁 같은 봉사 시간이 돌아왔다. 치료는 전쟁과도 같다. 병을 정복하는가, 정복하지 못하는가의 싸움이기 때문이다. 환자들은 계속 밀려들었고 소리 없는 전쟁터에서 나는 변변찮은 무기로 환자들의 병과 싸워 이겨야 했다. 지금 이 순간 내가 해 줄 수 있는 것이라고는 환자를 치료해 주고 싶은 간절한 마음으로 최선의 노력을 하는 것뿐이었다. 치료하기 전 환자를 앞에 두고 '하나님, 제발 이분을 낫게 해 주세요'라고 기도한 뒤 치료에 임했다. 2시간 반이 지나자 여기가 어디인지, 나는 누구인지 모를 정도로 정신이 혼미해졌다. 그 무렵 점심

봉사 시간도 끝을 맺었다.

허리를 펴고 쉬고 있는데 갑자기 환자 한 명이 문을 벌컥 열고 다급하게 들어왔다.

"선생님, 저 지금 다리에 감각이 없어요. 다리가 점점 차가워져요. 걷는 것도, 앉는 것도 모두 불편하고요. 여기 가면 치료해 준다고 해서 멀리서 다리 끌면서 왔어요. 제발 저 좀 꼭 치료해 주세요!"

난처한 상황이었다. 어디서부터 어떻게 진단하고 치료해야 할지 정말 막막했다. 우선 상황을 설명하고 양해를 구하기로 했다.

"저는 한의대 학생입니다. 지금 휴식 시간이라 한의사 선생님이 자리에 안 계십니다. 선생님이 돌아오시면 그때 치료받으세요."

"선생님, 저 급합니다! 다리 한 번 만져 보세요. 얼음장 같이 차갑고 감각도 점점 없어지고 있어요. 학생이어도 괜찮습니다. 치료받겠습니다. 도와주세요. 제발 치료해 주세요!"

치료해 달라는 환자의 말이 절규처럼 들렸다. 얼마나 절박하면 학생인 나에게라도 치료받겠다고 할까, 라는 생각이 들었다. 나는 한의사 선생님에게 전화를 걸어 환자의 상태를 설명하고 치료 방향에 대한 설명을 들었다.

누워 있는 환자의 다리를 만져 보니 정말 차가웠다. 환자의 안색을 살펴보고 평소 증상을 물은 뒤 진맥에 들어갔다. 진맥을 한 뒤 병증을 알아내고 치료를 해 드렸다. 그리고 환자에게 편안한 마음으로 한숨 주무시라고 말씀드린 뒤 휴게실로 들어왔다. 그러나 마음속은 온통 환자 생각뿐이었다. 다시 치료실에 가서 환자의 다리 이곳저곳을 만져 보고 체온을 비교해 보았다. 따뜻하게 하면 회복에 더 도움이 될 것 같아 담요를 구해서 덮어 주었다. 치료를 마치고 자리에서 일어난 환자가 다리를 만져 보며 말했다.

"아까보다 많이 좋아졌습니다. 다리가 차가웠는데 지금은 온기가 도는 것 같네요. 침놓고 다시 돌아와서 담요를 덮어 주셨지요. 다리를 만져 보고 몇 번씩이나 온도를 체크하는 모습을 보면서 선생님의 따뜻한 마음이 느껴졌습니다. 감사합니다. 부디 그 마음 끝까지 간직해 주세요."

중국 후한 시대의 명의이자 《상한잡병론》을 저술한 장중경은 책을 집필한 이유에 대해 서문에서 이렇게 밝히고 있다.

"예전에는 내 친족이 많아 200여 명이나 되었지만 건안 원년 (196년) 이래 10년의 시간이 지나지 않아 그들 가운데 3분의 2가 죽었고 죽은 사람 가운데 상한병으로 사망한 사람이 7할이었다. 사악한 바람의 기운과 만나거나 정상이 아닌 질병을 만나 병이 생긴다면 그들은 무서워 떨며 뜻을 굽혀 무당의 주술과 주문에 의지한 채 하늘에 탓을 돌리고 순순히 죽고 만다."

'중국 의학의 성인'이라고 불리는 장중경이 《상한잡병론》을 저술한 것은 친족이 상한병으로 죽어가는 데서 오는 상실감과, 더 이상 같은 병으로 사망하는 사람을 막고자 하는 간절함 때문이었다. 200명의 친족 중 130여 명을 잃고, 이 중 90여 명이 비슷한 증상으로 사망한 것을 목격한 장중경은 환자들을 살리고 싶은 마음이 가득했다. 그래서 증상에 맞는 한약을 처방하고 복용 후 환자의 몸에서 나타나는 증상들을 치밀하게 관찰했다. 그 결과 한의학의 교과서와도 같은 《상한잡병론》이 세상에 나올 수 있었다.

한의대 학생들은 의료봉사를 나가서 미지의 환자들과 처음 접하게 된다. 처음에는 교수님 혹은 선배 한의사의 치료를 지켜보다가 이들의 감독하에 치료의 기회를 얻는다. 첫 환자를 치료하기 직전, 평소 접해 보지 못했던 병 앞에서, 다급한 환자의 절규 앞에서 예비 한의사의 간절함은 최고봉에 달한다. '제발 이분을 치료할 수 있게 해 주세요', '이분이 조금이라도 더 나을 수 있게 해 주세요'라는 간절한 외침이 수백 번 넘게 올라온다.

환자가 차가운 다리를 고쳐 달라며 다급히 내게 요청했을 때 문득 병의 원인을 찾지 못해 답답하고 고통스러웠던 나의 모습이 떠올랐다. 침대에 누워 원룸 천장을 바라보며 하염없이 눈물 흘리던 모습, 통증으로 방 안을 데굴데굴 뒹굴던 모습이 스쳐 지나갔다. 나 역시 누군가를 붙잡고 살려달라고 외치고 싶었던 적이 있었기에 그의 심정을 조금이나마 헤아릴 수 있었다. 어떻게 해서라도 다리에 온기를 느끼게 해 주고 싶었다. 그 마음이 전해져서 환자도 온기를 느낄 수 있었던 것이 아닐까.

노벨평화상을 수상한 마틴 루터 킹 목사는 "당신이 태어난 이유를 찾아라. 어떤 사명을 이루기 위해서 이곳에 왔는가? 하나님은 평범한 모든 사람에게 자신의 목적을 달성할 수 있는 능력을 주셨다."라고 말했다. 모든 사람에게는 타인에게 희망의 증거가 될 수 있는 능력과 자질이 있다. 단지 자신이 가진 능력이 무엇인지 모르고 간절한 마음으로 계발하지 못해 꽃피우지 못했을 뿐이다.

"절실하다는 게 무엇이죠?", "어떻게 해야 절실함이 생기나요?"라고 묻는 사람들이 있다. 절실함이 생기려면 목표가 있어야 한다. 결승점을 향해 달리는 경주마에게 무기력이란 없다. 마찬가지로 목표를 향해 달리면서 무기력한 사람은 없다. 내가 태어난 이유, 나의 사명, 나의 능력과 재능을 깨닫고 목표를 향해 간절한 마음으로 달려 보자. 지금 이 순간, 절실함이 답이다.

퍼스트 펭귄은
언제나 외롭다

나는 남들과 다르고, 나만의 방식을 고집한다는 이유로
비난을 받았는데 생각해 보니 그것이 바로 성공의 비결이었다.

– 샤니아 트웨인

영하 40도가 넘는 남극에서 펭귄들은 물속에 뛰어들어야 먹
이를 구할 수 있다. 그러나 추위보다 펭귄들을 긴장하게 만드는
것은 바닷속 포식자들이다. 추위를 이기고 새끼에게 먹이를 주기
위해서 누군가는 물속에 뛰어들어야 한다. 이때 위험을 무릅쓰고
바다에 처음 뛰어드는 펭귄을 '퍼스트 펭귄'이라 한다. 퍼스트 펭
귄이 물에 뛰어들면 뒤따라 다른 펭귄들도 줄줄이 바닷속으로 뛰
어든다. 우리 사회에서 퍼스트 펭귄이란 불확실한 상황을 감수하
고 용감하게 도전하는 사람을 일컫는다.

나는 투자전략팀에 입사해 퀀트 애널리스트로 일하게 되었다.

부서에 배치된 후 나에겐 한 달간의 유예기간이 주어졌다. 한 달 동안 업무를 부여받지 않고 관심사를 찾아 스스로 공부하거나 해 보고 싶은 일이 있으면 도전해 볼 수 있는 시간이기도 했다.

증권사의 모든 자료들은 수치와 통계로 이루어진다. 신뢰할 수 있는 리포트를 발간하기 위해서는 통계청, 한국은행, 미국은행, 세계은행 등 여러 사이트를 검색해서 자료를 찾아야 한다. 리포트를 쓰기 위해서는 관련 자료들을 어디에서 찾아야 할지 알아야 하고, 얼마만큼 빨리 찾아내는지도 중요했다. 나는 즉시 부서 내 발간자료들을 모두 모아 놓고 자료의 출처들을 분석하기 시작했다. 이제 갓 들어온 신입사원이 발간 자료들을 쌓아 놓고 컴퓨터 자판을 두드리자 모두들 의아해했다. 등 뒤로 사람들이 지나갈 때마다 힐끗힐끗 쳐다보는 시선들이 느껴졌다. 그래도 아랑곳하지 않고 꿋꿋하게 나만의 자료를 만들어 나갔다.

증권시황 방송도 모험 그 자체였다. 나의 정식 업무는 퀀트 애널리스트였으므로 누군가 작성해 준 방송 원고를 카메라 앞에서 읽기만 하면 되는 줄 알았다. 하지만 현실은 정반대였다. 원고를 손수 작성해야 했다. 내가 쓴 원고에는 빨간 줄이 죽죽 그어졌고, 어느 날은 원고 전체에 커다란 가위표가 그려져 처음부터 다시 써야 했다. 퍼스트 펭귄이었던 나는 포기할 수 없었다. 부족한 원고 실력을 메우기 위해 상사가 작성한 원고를 필사하고 양식을 따라 적어 보았다. 그러자 점점 원고에 빨간 줄이 줄어들기 시작했다.

경제 신문사에 칼럼을 기고하는 일, SAS 프로그램으로 코딩하는 일도 모두 새로운 도전이었다. 능력은 부족해도 더 나은 내일을 꿈꾸며 연습하고 실력을 갈고닦았다. 필력이 초등학생만도 못하다는 말을 들을 때면 도망치고 싶었다. 퇴근 후 집에 돌아와 새벽까지 코드를 짤 때는 힘들어서 그만두고 싶었다. 하지만 나는 모험을 즐기고 기꺼이 도전에 응하기로 했다. 따뜻하고 먹이 경쟁이 없는 곳에서의 퍼스트 펭귄은 의미가 없다. 춥고 배고프더라도 차가운 바닷속으로 기꺼이 발을 내딛는 펭귄만이 진정한 퍼스트 펭귄이다. 불확실하고 한 치 앞이 보이지 않는 곳이라도 퍼스트 펭귄은 한 걸음씩 나아가야만 한다.

한의대에 합격한 후 영어 과외를 해 달라는 요청을 받았다. 개강 전까지 한 달의 시간이 있었다. 한 달 동안 문법, 독해, 단어를 집중적으로 가르쳤다. 그런데 시간이 지날수록 머릿속이 복잡해졌다. 개강하기 며칠 전에는 서울에서 학교가 위치한 전북 삼례로 내려가야 했다. 반면 학생의 어머니는 내가 과외를 계속해 주기를 바랐다. 학생은 서울, 나는 전북에 있는데 과연 무슨 수로 학생을 가르칠 수 있단 말인가? 그렇다고 과외를 위해 매주 서울에 올라올 수도 없는 노릇이었다. 어떻게든 방법을 찾아야 했다.

그때 '인터넷으로 화상 과외를 하면 어떨까?'라는 생각이 문득 떠올랐다. 당시 스카이프라는 화상 통화 프로그램이 유행하고 있었는데 이를 과외에 활용해 보자는 생각이 들었다. 실행시켜 보니 교재를 띄워서 그 위에 줄을 긋고 글씨를 쓰며 수업하기에는 무리가 있었다. 이후 전자칠판부터 포터블칠판까지 모조리 검색하며 각각의 장단점을 비교했다. 그러나 이 제품들은 실시간 양방향으로 의사소통하는 데는 어려움이 있었다.

나는 제품보다 화상 회의를 구현하게 해 주는 소프트웨어 업체에 눈을 돌렸다. 다행히 원하는 기능을 갖고 있는 업체를 발견할 수 있었다. 정해진 시간에 사이트에 접속해 학생과 테스트를 해 보았다. 화면에 교재를 띄워 놓고 수업할 수는 있었지만 글씨 쓰는 것이 자유롭지 않았다. 다시 검색에 돌입했다. 사용 후기를 꼼꼼히 읽어 보고 매장에 가서 여러 기기들을 체험해 보았다. 그중 가장 오류가 적고 손으로 쓴 글씨를 화면에 빠르게 나타내 주는 기기를 발견할 수 있었다.

한 달 동안 미친 듯이 검색하고, 발로 뛰고, 전화로 수십 군데의 업체와 통화하면서 불가능할 것 같았던 화상 과외가 점점 눈앞에 현실화되었다. 삼례에 내려가 서울에 있는 학생과 처음으로 화상 과외를 하던 날, 퍼스트 펭귄으로서 또 하나의 도전에 성공했다는 사실에 감격이 벅차올랐다.

한의대에 다니는 동안 부모님들로부터 과외를 해 달라는 문의를 많이 받았다.

"오고 가는 시간을 줄이고 과외비를 좀 낮춰서 화상으로 과외를 하는 건 어떠세요?"

집에 와서 가르치는 공부만이 진정한 공부라고 여기는 부모님들에게 화상 과외는 공부가 아니었다. 중요한 것은 공부 장소가 아닌 공부 내용임을 받아들이지 못했다. 그런 부모님들은 더 이상 과외를 요청하지 않았다. 불확실한 위험을 감수하고 기꺼이 시도했다면 분명 더 좋은 결과를 얻을 수 있었을 터였다. 퍼스트 펭귄의 모험을 즐기는 정신이 부족한 점이 안타까웠다.

화상 과외를 받았던 학생은 3년 후 자신이 원하는 대학의 원하는 학과에 당당히 합격했다. 고등학교 1학년부터 3학년 때까지 우리는 정해진 시간에 인터넷에 접속해 눈이 오든 비가 오든 꾸준히 공부했다. 화상 과외를 시도했던 나, 그것을 수용해 준 학생의 부모님, 변함없이 믿고 따라와 준 학생 모두 승리자임과 동시에 선구자였다.

퍼스트 펭귄은 스스로의 힘으로 길을 개척해 나간다. 척박한 불모지의 땅도 옥토로 일구어 낸다. 발자국 없이 잡초만 무성한 길도 퍼스트 펭귄은 풀을 베고 헤쳐 나가 기필코 길을 만들어 낸다. 이들은 일단 덤벼 보고, 실행해 본 후에 말한다. 새롭고 낯선 분야도 확신을 갖고 도전함으로써 주저하는 이들의 참여를 이끌어 낸다.

화상 과외를 한다고 하자 자신도 화상으로 학생들을 가르쳐 보고 싶다며 노하우를 알려 달라는 사람들도 있었다. 일반적인 과외 선생님의 가장 큰 제약은 정해진 시간에 학생의 집으로 찾아가야 한다는 점이다. 혹시라도 급한 일이 생기면 따로 시간을 정해서 보충수업을 위해 재방문해야 한다. 그러나 화상 과외를 하면 거리, 날씨, 방문 시간, 막차가 끊길 염려 없이 오로지 수업에만 전념할 수 있다. 실제로 내가 알려 준 방법대로 화상 과외를 한 선생님과 학생, 부모님들은 한결같이 내용과 질에서 모두 만족해했다.

사람은 자신의 삶을 주도적으로 이끌어 나가고 불확실한 미래에 용감하게 도전해야 한다는 점에서 모두가 퍼스트 펭귄이 되어야 한다. 자신의 인생을 되는 대로 흘러가게 내버려 두어서는 안된다. 누구나 퍼스트 펭귄의 DNA를 갖고 있다. 다만 용기가 없어서, 주눅이 들어서, 남들과 다른 길을 가는 것이 두려워서 창조적 유전자가 활동하는 것을 무의식적으로 막고 있을 뿐이다. 각자의 퍼스트 펭귄 DNA가 활발하게 활동하도록 만들어 주도적인 삶을 살아야 한다.

퍼스트 펭귄은 언제나 외롭다. 선구자로서 누구도 가 본 적이 없는 길을 홀로 간다는 점에서 외롭다. 길을 가는 동안 험한 산을 넘고, 비바람을 만나기도 하며, 때로는 사나운 맹수의 공격을 받기도 한다. 또한 도전을 좌절시키는 일이 많다는 점에서 외롭다.

세상은 모험의 장이자 배움터다. 비바람을 피하는 법을 배우고, 추위와 더위를 견뎌 내는 방법을 배우면 다음 여정은 훨씬 더 수월하게 갈 수 있다. 시련을 벗 삼고, 고난을 기쁨 삼고, 실패를 배움의 밑천 삼아 다시 일어나야 한다. 그러면 어느덧 성공을 거둔 퍼스트 펭귄들 속에 있는 당신을 발견하게 될 것이다.

좌절할 것인가,
도전할 것인가

의심은 우리의 반역자,
그것은 우리에게 시도를 두려워하게 만들어
얻을 수 있는 것들을 종종 놓쳐 버리게 한다.

– 윌리엄 셰익스피어

한의원을 개원하고 나서 선배 원장님으로부터 한 통의 전화를 받았다.

"최 원장, 개원하느라 많이 힘들었지? 이제부터가 시작이야. 힘내!"

"원장님, 한의원을 운영하면서 어떤 점이 가장 힘드셨어요?"

"그야 당연히 직원 관리지."

개원 후 직원 관리의 어려움을 직접 체감할 수 있었다. 개원을 앞두고 직원들을 선발했는데, 아직 업무 시작 전이라 직원들은 출근해서 필요한 물품을 사서 정리해 놓고 점심 식사 후 업무에 필요한 교육을 받았다. 나는 틈틈이 밀린 서류 작업을 하고, 은행에 다녀오고, 보건소에 서류를 제출하기 위해 뛰어다녔다. 인테리어가 넘어야 할 가장 큰 산인 줄 알았지만 그 이후에 준비해야 할 일들이 오히려 더 많았다.

개원 후 첫째 주에는 한의원 홍보가 부족해서 환자가 거의 없었다. 홍보를 시작한 둘째 주가 되자 환자가 늘기 시작했다. 환자 수가 증가했으나 직원들 간에 손발이 맞지 않아서 하루는 30분, 하루는 1시간을 넘겨서 퇴근했다. 직원들의 표정은 굳어져 있었고 불만이 가득했다.

그다음 주 월요일에 출근하자 한의원 내에 환자들이 있는데도 불구하고 직원이 청소기를 돌리려고 했다. 만일 병원에 치료받으러 갔는데 환자를 본체만체하고 직원들이 먼지를 흘날리며 청소한다면 환자는 민망해하거나 기분 나빠 할 것이다. 이전에도 환자가 있을 때는 청소기를 돌리지 말라고 지시한 적이 있었다. 나중에 청소하라고 하자 직원은 "아니, 제가 청소기를 돌리겠다는데 왜 못 하게 하는 거죠? 이럴 거면 저 나가겠습니다."라는 말을 내뱉고는 한의원을 나가 버렸다. 다른 직원들도 이미 나가겠다고 서로 말을 맞추었는지 신발도 갈아 신지 않고 내게 말했다.

"생각해 봤는데 이렇게 늦게 끝나고서는 계속 일할 수 없습니다. 저희도 그만두겠습니다."

한꺼번에 직원 3명 모두가 그만둔 것이다. 머리가 멍했다. 직원들은 개원 전 1주와 개원 후 첫 주를 포함해 2주의 시간 동안 환자가 없었으므로 거의 아무 일도 하지 않고 급료를 받은 셈이었다. 총 3주 동안 겨우 6일 일하고 퇴근이 두 번 늦어졌다고 한꺼번에 나가다니 정말 실망스러웠다. 게다가 직원들이 체하고 배탈이 나서 힘들어할 땐 정성껏 치료도 해 주었는데 그 결과가 이렇다고 생각하니 더욱 허탈했다.

정신을 빨리 추슬러야 했다. 환자들이 밀려들고 있었다. 그래도 다행인 것은 지난주에 면접을 보고 오늘부터 새로 나오는 직원이 있다는 점이었다. 새로 온 직원도 당황하기는 마찬가지였다. 업무도 익숙하지 않은데 졸지에 혼자 남았으니 적잖이 당황해했다.

하루가 어떻게 지나갔는지 모를 정도였다. 3명이 한꺼번에 나갔어도 잠시의 충격은 있을지언정 정신이 흔들리지는 않았다. 어떻게든 지금 이 상황을 돌파해 내야겠다는 생각뿐이었다. 그날 나는 최선을 다해 이리 뛰고 저리 뛰고 사방팔방으로 뛰어다녔다. 침을 놓다가도 환자가 부르면 바로 달려가 불편한 점을 해결해 주었고, 간섭파 기계가 끝났음을 알리는 음악이 나오면 몸이 자동으로 반응해 달려갔다. 환자들이 최대한 편안하고 친절한 분위기 속에서 치료받고 조금이라도 나아지길 바라는 마음뿐이었다. 치료실에서 원장실까지 뛰어다니는 내 모습을 보며 환자들은 혹시라도 내가 넘어질까 봐 걱정해 줄 정도였다.

미국 워싱턴사립대학교 심리학과 교수인 헨리 뢰디거는 한 가지 실험을 진행했다. 두 그룹의 학생들을 상대로 자연사에 관련

된 자료를 공부하게 했는데, A 그룹은 자료를 네 번 공부했고, B 그룹은 한 번만 공부하는 대신 세 번의 시험을 보게 했다. 일주일 뒤 두 그룹 모두 같은 시험을 보았는데 B 그룹이 A 그룹보다 점수가 50퍼센트나 더 높았다. B 그룹이 시간적, 양적으로 덜 공부했음에도 불구하고 성적이 더 높았던 것이다. 이 실험은 인간의 뇌는 시련에 부딪힐수록 난관을 극복하기 위해 최선의 노력을 기울이고 이를 바탕으로 커다란 결과를 창조해 낸다는 것을 보여준다.

장벽은 나를 가로막기 위해 있는 것이 아니다. 인간은 장벽을 넘기 위해서 묘책을 강구하고 여러 가지 방법을 시도한다. 그리고 드디어 장벽을 넘었을 때는 그 누구도 빼앗을 수 없는 지혜와 노하우, 괄목할 만한 성과를 얻는다. 또한 난관을 극복하는 과정을 통해 목표를 얼마나 간절히 원하는지, 장애물을 뛰어넘을 충분한 애정과 열망이 있는지 알 수 있게 된다. 그러므로 장벽이 없음에 슬퍼하고 장벽이 있다는 사실에 감사해야 한다.

한의원을 운영하면서 많은 직원들을 겪어 보았다. 자신에게 유리한 상황을 빌미로 월급을 올려 달라고 강요하는 직원, 뒤에서 이간질하며 사람들의 마음을 심란하게 하는 직원, 피곤하다며 자주 환자 침대에 들어가서 자는 직원, 월급 받은 다음 날 아침 갑자기 그만두겠다고 문자로 통보해 온 직원, 자신과 관련된 일도 아닌데 원장실에 들어와 언성 높여 따지는 직원, 2~3일 일하고 연락이 두절된 직원, 나이가 많다는 이유로 원장의 지시를 무시하고 따르지 않는 직원, 앞에서는 웃고 뒤에서는 온갖 불평불만을 터뜨리는 직원 등 많은 부류의 사람들이 있었다.

직원들이 그만둘 때마다 나 역시 마음이 동요하곤 했다. '왜 나에게는 직원 관리가 이렇게 힘든 것일까?'라는 생각이 들었다. 그러나 잠시뿐이었다. 그런 마음이 올라올 때마다 얼른 생각을 전환했다. 비록 지금은 힘들지만 여러 사람들을 두루 상대하다 보면 사람 보는 안목을 기를 수 있고, 장기적인 관점에서 보면 내게 꼭 필요한 자질을 습득하는 중이라고 스스로를 격려했다. 또한 말로써 사람을 판단할 것이 아니라 행동으로 판단해야 한다는 것도 배울 수 있었다.

한편으로 나는 그들이 안타까웠다. 사람의 태도는 오랜 시간에 걸쳐 형성되고 잘 바뀌지 않는다. 그들 대부분은 적게 일하고 많은 것을 얻기를 바랐다. 성공학 전문가인 나폴레온 힐은 성공하기 위해서는 '보수보다 많은 일을 하는 습관'을 기를 것을 강조했다. 그 이유는 2가지다. 첫째, 보수보다 많은 일을 하는 사람은 그 분야의 전문가가 되고 상사의 주목을 받을 수 있다. 전문성을 길러 가치를 높이면 자연히 보상도 따라오기 마련이다. 둘째, 거센 비바람과 뜨거운 태양을 견뎌 낸 나무가 강한 나무가 되는 것처럼, 힘든 순간을 참고 이겨 낸 사람은 자신을 강하게 단련시키고 힘을 기를 수 있다.

많은 사람들이 자신의 일에 불만을 갖는다. 그러나 지금 하고 있는 일에 의미를 부여하면 일이 즐거워진다. 미국의 철강왕 앤드류 카네기는 한때 전신소에서 일한 적이 있었다. 단순 심부름을 하는 일이었지만 지금 하는 일이 미래에 큰 기회를 가져다줄 거라며 일에 의미를 부여했다. 일찍 출근해서 사소한 일도 완벽하게 하려고 노력했다. 그 결과 단순 사환에서 전신기사를 거쳐 관리자로 성장할 수 있었다. 이후 카네기는 전신소에서 친분을 쌓은 사람들의 도움을 얻어 철도사업을 시작했고, 철강업으로도 영역을 넓혀 마침내 미국 최고의 부자가 되었다.

　우리나라는 지금 고용 절벽에 처해 있다. 일하고 싶어도 일자리가 없다고들 한다. 그러나 대기업과 공무원, 안정된 직장만 찾는 사람들이 많을 때 고용 절벽은 더욱 심해질 것이다. 미치지 않으면 이르지 못한다는 불광불급(不狂不及)의 정신으로 적극적으로 위험을 감수하고 어떤 장애물도 뛰어넘을 마음의 준비를 한 사람, 현재 하고 있는 일에서 즐거움과 보람을 찾는 사람에게 일할 기회가 열려 있다. 좌절할 것인가, 도전할 것인가. 선택은 당신에게 달려 있다.

모든 것을 걸고
최후의 도박을 시작하라

당신이 가슴 뛰는 삶을 사는 것,
그것은 당신에게 주어진 진리의 길이자
이번 생의 목적이다.

– 다릴 앙카

"신에게는 아직 12척의 배가 있습니다."

영화 〈명량〉에 나오는 대사다. 임진왜란 6년인 1597년, 조선은 오랜 전쟁으로 인해 나라 전체가 피폐해 있었다. 왜군의 흉계와 원균의 모함, 선조의 잘못된 판단으로 이순신은 억울한 누명을 쓰고 파면당한다. 나라가 존망의 위기에 처하자 이순신 장군은 삼도수군통제사로 재임명되었지만, 그의 앞에는 사기 꺾인 수군과 12척의 배만이 남아 있었다. 그러나 그는 명량해협의 좁은 폭과 빠른 물살을 이용해 왜군의 배 133척을 단 12척으로 맞아 필사의 전투를 벌인 끝에 31척의 적군의 배를 불사르고 남은 함대를 물리쳤다.

인생을 살면서 모든 것을 걸고 도전해야 할 때가 있다. 가능성이 거의 제로에 가깝거나 불가능한 것처럼 보이지만 끝까지 돌파해 내야 하는 순간들이 있다. 내가 가진 것을 모두 밀어붙이고 올인하는 사람에게 필요한 것은 '해낼 수 있다'는 믿음이다. 진다고 생각하면 이미 패배한 것이고, 성공을 원하지만 성공할 수 없다고 생각하면 결코 성공하지 못한다. 그러므로 불가능한 일일수록 아직 기회는 존재하고, 돌파구가 꼭 있으며, 승리를 확신한 채로 일에 임해야 한다.

나에게 있어 건강이란 풀리지 않는 수수께끼와 같았다. 증상은 있지만 원인을 알 수 없는 경우가 많았다. 다리를 구부리고 앉았다가 일어나려고 하면 다리가 펴지지 않았던 적이 있었다. 한 번은 지하철을 타려고 계단을 내려가는데 구부러진 다리가 펴지지 않아 하마터면 인파에 밀려 계단에서 굴러떨어질 뻔하기도 했다.

변비로 심하게 고생한 적도 있었다. 변비로 인한 가스 때문에 배가 아파서 119에 실려 간 적도 있었다. 적게는 일주일, 많게는 3주일 동안 대변을 보지 못해서 변비약에 의존해야만 간신히 배변을 할 수 있었다.

매년 여름이면 연례행사처럼 감기와 아폴로 눈병을 달고 살았다. 병원에서 처방받은 약만 하루에 20개 이상이었다. 아폴로 눈병은 눈에서 진물이 나기 때문에 가만히 누워 있을 수밖에 없었다. 20개가 넘는 알약을 먹고 가만히 누워 있다 보면 소화가 안 돼서 약을 소화시키기 위해 다시 소화제를 먹어야 했다. 일주일 동안 150알에 가까운 약을 복용하고 계속 체하기를 반복했다. 여름이 오는 것이 지긋지긋할 정도였다.

20대 중반에는 머리에서 폭탄이 터지는 느낌이었다. 옆 사람은 전혀 느끼지 못하지만 순간적으로 뇌에 100만 볼트 전기가 지나가는 것처럼 나도 모르는 사이에 전기를 느꼈다. 어떤 때는 고개를 돌리다가도 근육에서 느껴지기도 하고 뇌 속에서 느껴지기도 했다. 혀를 내밀면 혀가 한쪽으로 치우쳐서 나왔다.

한의대에 입학할 때쯤엔 증상이 더욱 심해졌다. 밥을 먹으면 토할 것 같았고, 늘 메슥거렸다. 아침에 일어나면 머리가 깨질 듯이 아팠고, 어떤 때는 산 정상에 오른 것처럼 멍하기도 했다. 책을 볼 때면 눈이 시큰거리면서 충혈되었고, 눈알이 빠져 나갈 것 같은 증상이 더욱 심해졌다. 그래도 여기까지는 참을 만했다. 전부터 앓고 있던 알레르기 비염이 심해져서 새벽 4시 반이면 어김없이 콧물이 흘러내려 잠에서 깰 수밖에 없었다. 콧물은 멈추지 않았고, 재채기는 한시도 나를 가만히 내버려 두지 않았다. 새벽부터 아침 8시까지 계속해서 재채기를 하고 코를 풀어 대고 나면 휴지통에 휴지가 수북이 쌓여 있었다. 얼굴과 머리가 터질 것 같은 것을 가까스로 참고 잠시 누워 있으면 힘에 겨워 잠들어 버렸다. 공부가 문제가 아니라 당장 하루하루 살아가는 것이 문제였다. 잠들면 다음 날 새벽에 깨는 것이 공포처럼 여겨질 정도였다.

학년이 올라가면서 수업이 많아지자 그와 비례해 증상들도 더 심해졌다. 체한 것도 아닌데 한 번 토하기 시작하면 1시간 동안 7~8번씩 토해서 변기 옆을 떠날 수가 없었다. 어느 때는 용변 후에 변기의 물이 빨간 핏빛으로 물들어 있었다. 여자들의 적인 생리통은 또 어떠한가. 하루에 진통제를 4알씩 먹어도 효과가 없어 아픈 배를 부여잡고 잠을 청해 간신히 통증을 넘길 때가 부지기 수였다. 소화 능력은 떨어지다 못해 배 속에서 물소리가 났고, 장기들이 터지는 게 아닌가 싶을 정도로 아랫배가 부풀어 올랐다.

한의대에 입학하기 전까지 그 해답을 양방에서 찾으려고 노력했다. 소화가 안 될 때는 위 내시경, 생리통이 심하면 자궁초음파도 받아 보고, 목의 통증이 심할 때는 경추 엑스레이를 찍어 보았다. 하지만 사진은 하나같이 깨끗했고 원인 불명이었다. 위염도 없었고, 자궁의 이상이나 경추의 이상도 없었다. 답답하기만 했다. 제발 원인만이라도 알았으면 좋겠다고 생각했다. 병에 잠식당해 하루하루 사는 것이 힘겹기만 했다.

한의대에 들어온 이상 어떻게든 고쳐야 했다. 이때 양방과 한방과의 차이점을 확연히 깨달았다. 양방에서는 검사 결과상 눈에 보이는 결과물이 존재해야 병이 발생했다고 인식하는 반면 한방에서는 기능이 떨어진 것도 병으로 인식했다. 또한 병은 초기에 고치지 않으면 계속 발전한다. 나이 들수록 체력은 점점 떨어지므로 병의 깊이도 더욱 깊어질 수밖에 없었다.

수업이 끝나면 집에 돌아와 직접 몸에 침을 찔러 보고 뜸을 뜨고 한약을 먹으며 하나씩 병을 치료해 나갔다. 증상에 맞는 한약을 먹기 위해 절박한 마음으로 교수님들과 여러 한의사 선생님들을 찾아뵙고 자문하며 가르침을 받았다. 당시 나는 나를 고쳐줄 사람만 있다면 지구 끝까지라도 쫓아갈 마음의 준비가 되어 있었다. 그토록 나는 절박했다.

'병이 오래될수록 치료 기간도 길다'라는 것을 체험을 통해 알게 됐다. 한약 한 제 먹는다고 몸이 빨리 낫는 것이 아님을 알았다. 나는 한의대 재학 기간 내내 한약을 달고 살았다. 하나의 병을 고치면 숨어 있던 또 하나의 병이 튀어나오고, 고쳐 놓으면 또 튀어나왔다. 병을 하나씩 차근차근 고쳐야 한다는 것도 그때 깨달았다. 때로는 생각처럼 빨리 낫지 않는 나 자신에게 화가 났다가도 금방 서러워졌다. 제발 이 병들이 언제쯤이면 다 나을 수 있을까. 한 가지의 병을 고쳐 놓아도 녹록지 않은 한의대 과정을 따라가기 위해 많은 체력이 소모되었으므로 금방 약 기운이 떨어져 다시 한약을 먹어야 했다. 하루 벌어 하루 먹는 인생처럼 한약을 먹으며 하루하루를 버텨 나갔다. 그래도 나는 이 병들에 대한 치료법이 꼭 있을 거라는 믿음을 가졌고 더욱 건강해질 나를 꿈꾸었다.

"이길 의지를 지니지 않은 채 개전하는 것은 치명적이다!"

인천상륙작전을 성공적으로 이끈 더글러스 맥아더 장군이 남긴 말이다. 사업을 하거나 직원으로서 일할 때 대충 하는 사람들이 있다. 이들은 건성으로 일하는 습관들이 쌓여 있어서 어떤 일을 하든 신뢰를 받지 못하고 자존감도 낮다. 직면한 상황이나 문제를 이겨 낼 의지가 부족하고 대충 이 고비만 넘기면 된다는 생각으로 대처할 뿐이다. 그러나 한 번뿐인 소중한 내 인생을 허투루 살 수는 없다. 이길 의지를 갖고 담대해져야 한다. 때로는 멈추어 서서 스스로에게 질문해야 한다.

'좋아하는 일에 승부수를 걸 수 있는가?'

'새로운 일을 시작할 자신이 있는가?'

'넘어져도 기필코 일어나 끝까지 결승선에 도착할 용기가 있는가?'

'한길만 팔 수 있는 집중력이 있는가?'

오십견으로 3년째 고통받던 환자를 치료한 적이 있었다. 눈이 오거나 강추위가 몰아쳐도 환자는 하루도 빠짐없이 치료를 받으러 왔다. 치료 지시와 주의사항을 모두 따르고 가르쳐 주는 운동도 열심히 연습해 왔다. 마치 이곳이 최후의 보루인 것처럼 간절함이 묻어났다. 그분을 보면서 문득 나의 과거 모습이 떠올랐다. 병의 원인을 찾지 못해 좌절하고, 치료법을 찾기 위해 나의 모든 것을 걸고 고군분투하며 눈물을 쏟던 모습들이었다. 당시 나는 최악의 건강 상태에서 한의학에 답이 있음을 확신하며 건강을 회복하기 위해 방법을 찾아 헤매고 있었다.

때로는 치료 도중 환자가 "원장님은 한의학을 믿으세요?"라고 질문하기도 한다. 나는 일말의 주저함도 없이 "네, 한의학에 답이 있다고 믿습니다."라고 대답한다. 병을 고치기 위해 모든 것을 걸고 한의학에서 최후의 도박을 해 보았기에 당당히 대답할 수 있었다. 더 이상 물러날 곳이 없다면 이 한마디를 외치고 시작해 보자.

"모든 것을 걸고 최후의 도박을 시작해 보자!"

· PART 3 ·

벼랑 끝에서
피는 꽃이
아름답다

실패는 낙오가 아니라
축복이다

실패에서부터 성공을 만들어 내라.
좌절과 실패는 성공으로 가는
가장 확실한 디딤돌이다.

– 데일 카네기

"커닝한 사람은 실격 처리되니까 주의하시고요. 이제 보던 책은 모두 집어넣어 주세요."

한의대 편입 시험을 보던 날, 시험 시작을 알리는 종소리에 시험장의 공기가 한층 숙연해졌다. 책을 덮는 1초의 찰나까지도 기억을 더듬기 위해 모두들 안간힘을 썼다. 숨소리조차 들리지 않을 정도로 고요했다. 단 몇 시간 만에 지난 1년의 시간이 성공과 실패로 엇갈릴 수 있었으므로 한 문제 한 문제에 신중을 기했다.

두 번째 시간, 생물 시험지를 받자마자 갑자기 가슴이 두근거리기 시작했다. 지금까지 공부한 것과는 다른 방향에서 시험이 출제된 것이다. 등에서 식은땀이 흘렀다. 편입 시험과 MEET/DEET(의·치학교육입문검사) 시험의 출제 방향은 확연히 다르다. 편입 시험이 암기를 바탕으로 한 속도전이라면, MEET/DEET 시험은 이해와 응용을 요구했다. 기본적인 생물 내용을 숙지하기에도 바빠서 이것까지는 미처 대비하지 못했다. 출제자의 출제 의도를 파악하려고 발버둥을 쳤지만 생소한 유형 탓에 문제를 푸는 것이 쉽지 않았다.

시험장을 나오면서 생물 과목이 신경 쓰였다. 하지만 토플 점수도 높았고, 한문 시험도 아주 못 본 것만 아니라면 생물 과목의 부족한 점수를 메꿀 수 있을 것 같았다. 집으로 돌아와 오랜만에 편안한 마음으로 잠이 들었다.

3주 후 합격자 발표 날이 돌아왔다.

'토플 성적이 높으니까 괜찮아. 난 합격할 거야'

두근두근 떨리는 마음으로 인터넷에 접속했다.

"최성희 님, 불합격입니다."

'내가 불합격했다고? 내가 부족한 게 뭐야? 토플 점수는 최상위권인데 이런 내가 떨어지면 누가 붙었다는 거야? 내가 다른 과목을 그렇게나 못 봤단 말이야? 아닐 거야. 분명 뭔가 착오가 있었을 거야!'

불합격이라는 사실이 믿기지 않았다.

"교만은 패망의 선봉이요, 거만한 마음은 넘어짐의 앞잡이니라."

성경 잠언에 나오는 구절이다. 시험에 떨어지고 나서 성경을 읽다가 이 구절 앞에서 민망함과 부끄러움이 몰려왔다. 낙방 후 '불합격'이라는 세 글자를 받아들이지 못해 몹시 힘들었다. 처음으로 들어 본 불합격 소리에 세상이 무너지는 것 같았다. 시간이 지난 후 곰곰이 생각해 보았다. 생물에 적은 시간을 투자하고 토플에만 의지해 합격할 거라고 믿은 것이 얼마나 교만한 생각이었는지 깨달았다. 3개월이 지나서야 패배를 받아들일 수 있었다.

피할 수만 있다면 비껴가고 싶은 것이 실패다. 한 번의 실패로 건강, 물질, 시간, 행복 등 중요한 것을 상실하기 때문이다. 그러나 실패는 잘 이용하면 성공의 디딤돌이 될 수 있다. 그러기 위해서는 실패를 받아들이고 실패에서 배우려는 자세가 필요하다. 실패를 공부해서 원인을 찾아내고 같은 실수를 반복하지 않도록 대비책을 마련해야 한다.

한의대 입시에서 낙방한 첫 번째 이유는 1년 동안의 공부 계획을 잘못 수립했기 때문이다. 모두 처음 공부하는 과목들이므로 토플, 한문, 생물에 골고루 시간을 분배했어야 했다. 더구나 생물은 대학교 전공 수준을 요구했는데 이해보다는 단순 암기에만 치중한 것이 패배 요인이었다. 또한 8월이 지나자 급격하게 체력이 떨어지면서 집중력이 흐트러진 것도 실패 요인이었다.

두 번째 이유는 욕심과 성급함 때문이다. 학사 편입에 실패하고 난 뒤 한의대 전문대학원에 진학하고 싶어 KEET(한의학교육입문검사) 시험을 선택했다. 당시에는 한의대 전문대학원도 MEET/DEET(의·치학교육입문검사) 시험을 봤다. 합격하면 졸업 후 석사 학위를 취득할 수 있고, 시험이 8월에 치러지므로 준비 기간을 단축시킬 수 있다는 것이 장점이었다. 그러나 편입보다 더 짧은 시간 동안 더 많은 과목을 공부한다는 것은 분명 무리였다. 다시 한 번 패배의 쓴맛을 경험해야 했다.

두 번의 실패를 밑거름 삼아 다시 편입 시험을 치르기로 결정했다. 1년이라는 충분한 기간을 두고 골고루 과목을 공부할 수 있도록 시간을 배분했다. 후반기에 체력이 급격히 떨어지지 않도록 틈틈이 산책과 달리기, 요가를 하면서 체력 관리에도 힘을 쏟았다. 마침내 세 번째 시험에서 합격의 기쁨을 누릴 수 있었다.

실패는 유익하다. 실패는 사람을 성장시키기 때문이다. 실패를 통해 얻는 지혜와 지식은 실패한 사람만이 가질 수 있는 특권이다. 고집불통에 독단적인 사람도 실패를 겪으면 자신을 돌아보게 되고 겸허히 실패의 원인을 받아들이게 된다. 이 과정에서 열린 마음으로 다른 사람의 의견을 경청하고 타인의 비판도 수용할 수 있는 여유를 갖게 된다. 또한 실패는 사람을 겸손하게 만든다는 점에서 유익하다. 실패를 통해 나보다 뛰어난 실력을 가진 사람들이 많음을 깨닫게 되고, 아무리 자신의 능력이 뛰어나도 합격과 불합격은 나의 능력 밖에 있음을 알게 된다. 마지막으로 실패는 사람을 강하게 만든다는 장점이 있다. 겉은 부드럽지만 속은 강한 외유내강형의 사람들은 패배를 경험하고도 기어코 실패를 딛고 일어난 사람들이다.

'만약 첫해에 합격했다면 어땠을까'라는 생각을 가끔씩 해 본다. 그야말로 운이 좋아서 합격한 것을 내 능력이 뛰어나서 합격한 것으로 착각하고 살았을 것이다. 특히 한문 실력을 갖추지 못한 채 한의대에 들어갔다면 어땠을까? 한의학 원문을 해석하지 못해 공부에 흥미를 잃고 한의학도 포기해 버렸을 것이다. 생각만 해도 아찔하다. 실패가 얼마나 감사한 일인지 한의대를 졸업하고 나서야 알았다.

최근 들어 언론에서 '갑질'이라는 단어를 자주 접하게 된다. 만약 내가 편입시험을 한 번에 합격했다면 '슈퍼 갑질'을 했을지도 모른다. 석사 학위를 가졌고, 퀀트 애널리스트로서 남부럽지 않은 직업을 경험해 보았고, 한의대까지 한 방에 들어갔으니 천상천하 유아독존이었을 것이다. 목을 뻣뻣하게 곧추세우고 눈은 아래로 내리깔면서 세상을 발아래 굴리고 있었을 지도 모른다. 그런 어리석은 인간에서 벗어날 수 있었던 것은 불합격이 가져다준 선물 덕분이었다.

당시에 불합격은 곧 실패한 인생으로 느껴졌다. 나만 홀로 낙오자가 된 것 같았다. 크게 낙심해 있던 터에 누군가 조금만 자존심을 건드리는 말을 하면 받아들이기 힘들었다. 무시당하는 것 같아서 금세 분노와 화가 치밀어 올랐다. 마음의 그릇이 너무 작은 탓에 아무것도 받아 줄 수가 없었던 것이다. 그러나 힘든 시기를 지나온 지금은 웬만한 일이 있어도 '그럴 수도 있지' 하고 넘어갈 수 있는 여유가 생겼다. 모두 실패가 가져다준 행복이었다.

이제부터라도 실패를 대하는 자세를 바꿔야 한다. 실패를 경험하면 '올 것이 왔구나'라며 적극적으로 받아들여야 한다. 한 번의 실패도 겪어 보지 않은 인생은 축복이 아니라 저주다. 실패는 우리를 낙담시키기 위해서 찾아오는 것이 아니다. 나를 자극하고 내 인생의 전환점을 마련해 주기 위해 찾아오는 손님이다. 그러므로 언제 어디서든 실패를 적극적으로 맞이하고 환영해야 한다.

실패인가 성공인가는 내가 어떻게 인식하는가의 차이일 뿐이다. 나를 성공시키기 위해 온 손님이라고 생각하면 실패는 더 이상 패배가 아니다. 실패를 낙오로 받아들일지, 축복이라는 가면을 쓴 성공으로 받아들일지는 나의 몫이다. 실패 속에서 성공이라는 보석을 캐내기 위해서는 실패를 긍정적으로 바라보고 수많은 실패를 겪어 봐야 한다. 그리고 툭툭 털고 일어나 다시 도전하는 자세가 필요하다. 성공의 기쁨은 실패를 바탕으로 만들어지기 때문이다.

불행에도
끝이 있다

소인배는 불운에 길들여지고 눌린다.
그러나 위대한 사람들은 불운 위로 올라선다.

– 워싱턴 어빙

중국의 모소 대나무는 특이한 성장 패턴을 갖고 있다. 씨앗을 땅에 심으면 첫해에는 땅 위로 어떤 모습도 드러내지 않는다. 둘째 해와 셋째 해에도 씨앗이 심어져 있는지 의심스러울 정도로 땅 속에 자취를 감추고만 있다. 네 번째 해에는 땅 위로 3cm의 싹을 겨우 틔운다. 다섯 번째 해가 되면 대나무는 하루에 30cm 이상 폭발적으로 성장하고, 6주가 지나면 15m 이상 자라서 울창한 대나무 숲을 이룬다. 모소 대나무가 보낸 4년은 의미 없는 시간이 아니다. 땅 속 깊이 단단하게 뿌리를 내려서 세찬 비바람에도 꺾이지 않기 위해 4년 동안 철저히 준비하고 있었던 것이다.

인터넷에 올라온 어느 고등학생의 사연을 본 적이 있다.

"아빠는 술 먹고 엄마에게 폭력을 씁니다. 어릴 때부터 밤마다 아빠가 술에 취해 들어오면 우리 가족들은 무서워서 벌벌 떨어야 했습니다. 혹시라도 아빠의 귀가 시간이 늦어지면 가슴이 콩닥거리고 심장이 벌렁거렸습니다. 다음 날 아침까지 이어지는 아빠의 폭력과 엄마의 비명 소리에 시달려야 하니까요. 피투성이가 된 엄마를 보고 있으면 이 상황에서 벗어나지 못하는 엄마도 원망스럽고 술을 끊지 못하는 아빠도 밉습니다. 세상이 원망스럽습니다. 언제 끝날지 모르는 이 상황이 절망스러워 죽어버리고 싶습니다."

아버지의 음주와 가정폭력으로 힘들어하는 학생의 사연이었다. 절망적인 상황이 끝없이 이어지는 탓에 학생은 자살 충동을 느끼고 있었다. '지금 죽어 버리면 더 이상 이런 꼴은 안 보고 힘들지 않겠지'라고 생각하겠지만 자살로 상황을 해결할 수는 없다. 내가 죽는다고 해서 비참한 상황이 한순간에 해결되거나 사라지는 것은 아니다. 자살은 절대 해결책이 될 수 없다.

여기 두 사람이 있다.

한 사람은 뉴욕의 빈민가에서 태어나 소년 시절부터 악명 높은 갱단에 들어가 범죄를 일삼았다. 밀주, 밀수, 도박 등 불법 사업으로 부를 축적하고 수많은 폭력과 살인 사건을 막후에서 지휘했다. 정치계 인사들과 경찰을 매수해 사업을 키웠지만 결국 탈세 혐의로 11년의 징역형을 받아 감옥에 수감되었다. 그리고 감옥에서 나온 지 5년 만에 쓸쓸한 죽음을 맞았다.

또 한 사람은 한국에서 가난한 집안에 태어나 남존여비 사상 때문에 여자라는 이유만으로 차별을 받았다. 서울로 올라와 스스로 모든 걸 해결하며 고등학교를 졸업하고 가발공장과 골프장 캐디 일을 하다가 미국으로 건너가 한식당 웨이트리스로 일한다. 그곳에서 만난 남자와 결혼을 하지만 가정폭력으로 얼룩진 결혼생활을 피해 미군에 자원 입대를 한다. 지독한 훈련 기간을 버티고 그녀는 최우수 훈련병이 되었다. 이혼 후 홀로 아이를 키우던 그녀는 마침내 42세의 나이에 하버드 대학교 석사 과정에 입학해 딸과 함께 공부하며 당당하게 꿈을 이루었다.

첫 번째는 시카고를 벌벌 떨게 만들었던 마피아 두목 알 카포네이고, 두 번째는 《나는 희망의 증거가 되고 싶다》를 쓴 서진규 박사의 이야기다.

당신은 과연 어떤 삶을 살고 싶은가? 가난 때문에, 폭력 때문에, 환경 때문에 고난을 피하려고 불법과 악행을 저지르는 쉬운 길을 가고 싶은가? 아니면 고난을 견뎌내고 극복해서 다른 사람에게 희망을 주고 싶은가?

살다 보면 끝이 보이지 않는 터널 속을 걸을 때가 있다. 언제 끝날지 모르는 캄캄한 어둠 속에서 근심은 늘어만 간다. 그러나 근심만으로는 어둠 속을 빠져나갈 수가 없다. 근심은 마음을 어둡게 하고 기력을 쇠약하게 만들 뿐이다. "마음의 즐거움은 양약이라도 심령의 근심은 뼈를 마르게 한다."라는 성경 구절처럼 근심은 우리를 상하게 할 뿐 어떤 유익도 없다. 그러므로 과도한 근심은 당장 버려야 한다.

고난에 맞서 싸운다는 말은 '고난을 견뎌낸다'는 말이다. 이어령 전 문화부 장관은 "비가 와야 무지개가 생기듯이 눈물을 흘려야 그 영혼에도 아름다운 무지개가 생겨난다."라고 말했다. 알 카포네처럼 고난을 회피하는 사람은 눈물을 흘리지 않는다. 서진규 박사처럼 고난을 견디며 이겨 내는 사람만이 눈물을 흘린다. 눈물 뒤에는 반드시 기쁨이 존재한다. 그러므로 고난이 지나갈 때까지 기다려야 한다. 언제까지 지속되는 고난은 없다. 고난에도 끝이 있고 불행에도 마지막은 있는 법이다.

고난을 견뎌낼 때는 반드시 '희망'을 가져야 한다. 희망 없이 '이 또한 지나가겠지'라며 견디는 사람과, 뚜렷한 희망을 안고 '이 고통이 지나가면 반드시 희망이 온다'라고 확신하며 견디는 사람은 큰 차이가 있다. 희망이 없는 사람은 금세 절망에 빠지고 만다. 한순간은 버틸 수 있어도 지속된 고통 앞에 속수무책으로 무너지고 만다. 헬렌 켈러는 "희망은 사람을 성공으로 이끄는 신앙이다.

희망이 없으면 아무것도 성취할 수 없다."라고 조언했다. 숨 쉴 수 없는 고통 앞에서 견딜 수 있는 방법은 오직 가슴에 희망을 품는 것뿐이다.

정신과 의사이자 심리학자인 빅터 프랭클 박사는 아우슈비츠 수용소에서 어떻게 살아남을 수 있었는가에 대한 질문에 이렇게 대답했다.

"나는 언제나 나의 태도만큼은 내가 결정한다는 사실을 알고 있었다. 그 상황에서 나는 절망을 선택할 수도 있었고 희망을 선택할 수도 있었다. 하지만 희망을 갖기 위해서는 내가 원하는 무언가에 마음을 집중할 필요가 있었다. 아내의 손을 잡아보고 아내의 눈을 들여다보고 싶었다. 이런 생각이 나를 한순간 한순간 살아남게 만들었다."

삶이 지옥같이 힘들다고 느끼는 사람들은 현재의 상황을 바라보지 말고 원하는 상황을 그리며 마음을 집중해야 한다. 고개를 떨구면 진흙탕 속에 묶여 있는 자신의 발밖에는 보이지 않는다. 그러나 고개를 들면 푸르른 하늘도 있고, 하얀 뭉게구름도 있고, 반짝이는 별도 있고, 고즈넉한 달도 있고, 따뜻한 해도 있다. 이 아름다운 것들은 희망을 갖고 고개를 들어 바라보는 사람만이 누릴 수 있다. 그러므로 희망찬 미래를 그리며 마음을 집중하자.

모든 사람에게는 삶의 목적이 있다. 미국의 제16대 대통령 링컨도 "자신의 삶의 목적은 자신의 이름을 우리 시대의 사건과 연결 짓는 것이다. 이 세상에 함께 살아 있는 사람에게 있어서 자신의 이름과 어떤 유익한 일과를 연결 짓는 일이다."라고 말했다. 많은 사람들이 링컨 대통령 하면 노예제 폐지를 떠올린다. 그러나 반드시 훌륭한 업적을 세우는 것만이 가치 있는 삶은 아니다. 평범한 삶이지만 내가 살아온 길이 누군가에게 희망이 되고, 절망에 빠진 사람들을 구해내어 또 다른 희망으로 인도해 주는 삶도 충분히 유익하고 가치 있는 삶이다.

비바람을 맞지 않고 크는 나무는 없다. 삶의 고통 속에서 허우적대는 사람들은 이제 "나는 이 상황을 꼭 이겨 내고 누군가에게 희망의 등불이 되어 주겠다!"라고 외쳐야 한다. 오뚜기처럼 일어나 세상에 따뜻한 손을 내밀어 주는 사람이 되어야 한다. 큰 고난이든 작은 고난이든 역경을 헤쳐나온 사람들은 다른 사람을 끌어 줄 충분한 힘을 갖고 있다.

가난을 이겨 내고 자수성가한 사람, 가정폭력을 견뎌내고 꿋꿋이 성장한 사람, 술과 마약의 중독에서 헤어나온 사람 등 많은 부류의 사람들이 있다. 누구나 역경을 극복해 낼 힘이 있다. 당신은 많은 가능성을 갖고 있는 사람이다. 어떤 상황이든 이겨 낼 충분한 잠재력을 갖고 있다고 반드시 믿어라.

시련 앞에서도
멈추지 마라

내가 강해질 용기를 낼 때,
내 힘을 내 비전을 위해 사용할 때
내가 두려워하는지 여부는 점점 덜 중요해진다.

- 오드리 로드

매화의 꽃말은 고결과 기품이다. 한겨울의 매서운 추위를 이기고 봄에 가장 먼저 꽃을 피워서 '봄의 전령사'로도 불린다. 매화는 꽃이 예쁘기도 하지만 꽃향기가 그윽해서 더욱 매혹적이다. 조선 후기의 실학자 홍만선은 "매화 향기가 사람을 감싸고는 뼛속까지 스며든다."라고 매화 향기를 칭송할 정도였다. 지조를 지키며 추위 속에서도 홀로 꽃을 피우는 매화이기에 그 향기가 더욱 그윽하다.

편입 시험에서 한 차례 고배를 마시고 쉬고 있을 즈음, 고향에 계시던 부모님께서 갑자기 서울에 올라오셨다.

"성희야, 엄마가 돈을 빌려주고 못 받고 있어. 서류를 만들어서 고소장을 접수해야 할 것 같아. 고향에 내려가서 좀 도와주겠니?"

"엄마, 그냥 잊고 살아요. 얼마인지는 모르겠지만 그냥 잃어버린 돈이라고 생각하고 살아요. 정말로 재판을 하고 싶으면 변호사를 선임하세요. 제가 지금 그런 일에 시간을 소비할 때가 아니에요. 저 고향에 안 내려갈 거예요."

그러자 옆에 계시던 아버지가 화를 내며 말씀하셨다.

"지금 살고 있는 집이 없어지게 생겼단 말야. 어떻게 가만 있을 수 있겠니?"

"집이 없어지다니요? 그게 무슨 말씀이세요?"

처음으로 '맏이'라는 압박감에 시달렸다. 상황을 해결할 사람은 나밖에 없었기 때문이다. 게다가 시험에서 떨어져 백수 상태로 고향에 내려가야 한다는 현실에 서글픔은 배가 됐다. 그날 밤 나는 뜬눈으로 밤을 새웠다.

시골에 내려와 보니 상황이 심각했다. 어머니는 친척과 동창, 지인에게 돈을 빌려주고 못 받고 있었다. 어떻게 15년 전에 빌려준 돈을 까마득히 잊고 지낼 수 있었을까? 그것은 어머니의 건강 때문이었다. 외할머니의 갑작스러운 사고로 인한 죽음에 충격을 받은 어머니는 매일 밤 불면증에 시달렸다. 하루 종일 비위가 상하고 속이 울렁거린다고 했다. 40대 중반부터 어머니는 신경성약, 당뇨약, 혈압약을 복용하기 시작했다. 신경성약은 사람의 정신을 무디게 만든다. 멍하고 무뎌진 정신으로 바쁘게 의상실까지 운영하신 탓에 어머니는 친척에게 돈을 빌려주고도 까맣게 잊으셨던 것이다.

7년 후, 돈을 빌려준 것을 기억해 낸 어머니는 친척에게 갚아 달라고 했다. 그러자 친척은 어머니가 정신이 없어서 기억하지 못할 뿐 자신은 돈을 돌려줬다고 주장했다. 수소문 끝에 어머니는 억울함을 입증해 줄 증인을 찾아냈다. 그러나 친척과 가까운 사이였던 증인은 친척의 회유에 넘어가 말을 바꾸었다. 녹음만 했더라면 이길 수 있었던 사건을 녹음기가 없어서 어이없이 재판에서 지고 말았다.

그다음에 일어난 일은 동창에게 돈을 빌려주고 못 받은 사건이었다. 첫 번째 실패를 거울삼아 이번에는 녹음기를 장만해 결정적인 증언을 확보했다. 또한 상대방 측 증인이 법정에서 횡설수설하다가 얼떨결에 사실을 털어놓는 바람에 승소할 수 있었다.

그러나 더 큰 사건이 기다리고 있었다. 어머니는 지인에게 많은 돈을 빌려주고 못 받고 있었다. 10년 이상 친하게 지내던 아주머니였다. 그녀는 보험설계사를 하며 어머니의 가게에 자주 들러 친분을 쌓았다. 처음에 아주머니는 계원들을 모아서 계 운영을 잘해 나갔다. 그러다 사건이 터지기 2년 전, 아주머니는 "급히 돈이 필요하니 제발 빌려달라."며 어머니를 붙잡고 애원했다. 평소 가깝게 지내는 분이라 마음이 약해진 어머니는 그만 돈을 빌려주고 말았다. 그러나 그 돈은 집을 담보로 한 마이너스 통장에서 꺼낸 돈이었다. 문제는 그다음에도 이어졌다. 아주머니는 자신이 조직한 계에 가입하면 이자를 많이 받을 수 있도록 끝에 있는 연속된 번호 5개를 주겠다며 어머니를 설득해 가입시켰다. 몇 년 후 아주머니는 계가 깨졌다며 그동안 넣었던 원금조차 돌려주지 않고 어머니를 피해 다니기 시작했다. 빌려준 돈과 납입한 곗돈이 수천 만 원에 달했다.

사기죄가 성립되려면 기망, 손해, 고의성이 있어야 한다. 즉 애초부터 갚을 의사나 능력이 없으면서 돈을 빌리고 이익을 취하는 것이 사기죄다. 갚을 능력이 없는 상태에서 어머니에게 돈을 빌렸는지, 계원이 모자란 상황에서 다 모아진 것처럼 꾸미고 계를 시작했는지를 밝혀내는 것이 중요했다. 계원들은 계를 시작하는 날 모두 모여 식사를 한다. 누가 가입했는지 서로 확인하고 얼굴을 익히기 위해서다. 그러나 처음 식사하는 날 모인 사람은 어머니와 계주인 아주머니, 그리고 아주머니의 남편뿐이었다.

계원 명부에 적혀 있는 사람을 찾아다니며 증언을 확보하기로 했다. 어떤 계원은 "계주가 예전에도 자신에게 돈을 빌려가서 아직까지 갚지 않고 있다. 한 동네 사람이고 얼굴 붉히기 싫어서 돈을 돌려받는 것을 단념했다."라고 말했다. 몇 년 전에 다른 사람에게 빌린 돈도 갚지 못할 정도로 아주머니는 자금 사정이 좋지 않았다. 그런데도 어머니에게서 또 돈을 빌려 간 것이다.

나는 하루 종일 소송에만 매달렸다. 녹취록을 작성하고, 사건 성립을 입증하기 위해 표를 만들고 문서를 작성했다. 정신적, 육체적으로 힘이 들어서 코피가 쏟아졌다. 그러나 나에게만 의지하며 간신히 삶의 끈을 붙잡고 있는 어머니를 위해 최선을 다해야 했다. 어느 날은 심신이 너무 고달파 컴퓨터 앞에서 하염없이 울었다. 왜 내 인생을 힘들게 만드냐며 어머니에게 투정을 부렸다. 그런 말을 들을 때면 어머니는 "내가 죄인이다. 내가 죄인이야."라며 가슴을 치셨다. 내게 미안해하는 어머니를 보며 나는 또다시 눈물을 흘렸다.

무릎 높이에 달하는 녹취록과 입증 문서들에도 불구하고 일은 뜻대로 흘러가지 않았다. 아주머니는 경찰 조사를 받는 동안 파산 신청을 해 버렸다. 형사 사건의 경찰 조사가 무혐의로 나오자 아주머니는 파산 신청 결과를 같이 제출해 어머니에게 갚아야 할 민사상의 모든 빚을 말끔히 없애 버렸다. 어머니가 받은 차용증은 휴지 조각이 되었다. 우리 가족에게 남은 것이라곤 집을 담보로 대출받은 빈 마이너스 통장뿐이었다.

소송 사건들을 처리하면서 뼈저리게 깨달은 것들이 있었다.

첫째, 소송을 진행할 때는 변호사를 선임하는 것이 좋다. 상대방이 목소리가 크고 언변이 좋은 사람이라면 더욱더 초기부터 능력 있는 변호사를 선임해야 한다. 입증자료와 녹취록에 변호사 도장이 찍힌 것과 아닌 것은 차이가 크다.

둘째, 말로 억울함을 호소하기보다는 증거 자료를 제시해야 한다. 녹음과 녹취록, 병원 진단서, 증언 등 가능하면 문서로 정리해서 확실한 증거 자료를 제시하는 것이 좋다.

셋째, 돈이 오고 간 사실은 항상 기록에 남겨야 한다. 돈을 빌려주든 갚든 항상 통장에 기록이 남도록 해야 한다. 나이 많은 어르신들은 간혹 손으로 주고받을 때가 있다. 그러나 이것은 좋은 방법이 아니다. 만일을 위해서라도 은행에 직접 가서 혹은 ATM 기계, 폰뱅킹, 인터넷뱅킹을 통해서라도 꼭 송금 기록을 확보해 두어야 한다.

매화는 추운 겨울에도 그윽한 향기를 발산한다. 그것이 바로 매화가 가진 진정한 가치다. 마찬가지로 사람도 시련과 맞닥뜨렸을 때 진면목이 드러난다. 시련 앞에서도 진정 내가 원하는 길을 갈 것인지 아닌지가 드러나기 때문이다. 고난 앞에서도 꺾이지 않는 뜻이라면 진짜 걸어가야 할 나의 길이다.

힘든 시기에 나를 위로한 것이 있었다. 컴퓨터 앞에서 소송 문서들과 씨름하다가 힘들 때면 인터넷으로 한의학 관련 기사들을 수집했다. 한약으로 난치병을 치료했다는 수기들을 수십 번씩 읽었다. 앞으로 한의대에 들어가면 무엇을, 어떻게 공부할지 열심히 길을 찾았다.

또 한의학과 사이트에 들어가 수업 시간표를 프린트해서 수첩에 붙여 놓았다. 빼곡히 적힌 수업들이 무엇인지는 몰랐다. 하지만 수첩을 펼쳐 들 때면 가슴이 두근거리며 설레었다. 그리고 자연스럽게 강의실에 앉아 한의학 수업을 듣고 있는 나의 모습을 상상했다. 그렇게 장밋빛 미래를 그리며 쏟아지는 눈물을 닦고 또 닦았다.

실패는 기회와
함께 온다

괴로운 시련처럼 보이는 것이
뜻밖의 좋은 일일 때가 많다.

– 오스카 와일드

　인간이 견디기 힘든 3가지의 통증이 있다. CRPS(복합부위통증증후군), 출산, 결석으로 인한 통증이다. 인간이 느끼는 고통을 10단계로 분류할 때 CRPS의 통증은 가장 최고인 9~10등급에 속한다. 출산의 고통은 7등급에 속하는데 이와 비슷한 것이 결석으로 인한 통증이다. 결석의 통증은 주로 새벽에 발생한다. 계절적으로는 추위가 시작될 무렵, 몸이 더위에서 추위에 미처 적응하지 못하는 초가을에 많이 발생한다.

　무더위가 한풀 꺾인 어느 초가을 새벽이었다. 자다가 갑작스럽게 통증이 시작되었다. 통증으로 몸을 가눌 수 없어서 배를 움켜

쥐고 그대로 얼굴을 땅에 박았다. 너무 아파서 소리조차 나오지 않았다. 시간이 흐를수록 통증은 점점 심해졌다. 다급히 부모님을 부르려고 했지만 어떤 말도 할 수 없었다. 식은땀을 흘리며 혼자서 끙끙 앓고 있던 그때, 나의 나지막한 신음소리를 듣고 어머니가 뛰어오셨다.

"성희야, 무슨 일이야? 어디 아프니?"

"엄마, 배와 허리가 너무 아파서 숨을 쉴 수가 없어요."

"안 되겠다. 응급차 불러야겠다."

방에서 집 밖에 대기하고 있는 응급차까지 10초면 갈 거리를 10분에 걸쳐 엉금엉금 기어갔다. 이리저리 흔들리는 구급차 안에서 통증과 뒤엉켜 싸워야 했다.

병원 응급실에 도착해 당직 의사를 기다리는 순간이 억만년같이 멀게만 느껴졌다. 의사의 처방에 따라 진통제를 맞았다. 그러나 통증은 쉽게 가라앉지 않았다. 진통제를 더 맞은 후에야 가까스로 잠이 들었다.

다음 날 의사는 요로에 생긴 결석을 없애기 위해서는 체외충격파쇄석술을 해야 한다고 말했다. 체외충격파쇄석술이란 초음파 등을 이용해 체외에서 충격을 가해 몸 안의 돌들을 잘게 부수어 배출하는 방법이다. 따끔따끔한 통증을 참아가며 무사히 쇄석술을 마쳤다.

얼마 후 화장실에서 소변을 보는데 변기 안이 온통 새빨간 피로 뒤덮였다. 혈관들이 터져서 이러다 죽는 게 아닌가 싶었다. 놀란 마음에 간호사를 호출했다. 하지만 간호사는 변기를 보자마자 얼른 물을 내려 버렸다. 어떠한 설명도 없었고 아무 말도 해 주지 않았다. 병원 측에 항의를 하려던 게 아니었다. 무슨 일인지 설명을 듣고 싶었다. '수술을 잘못 받은 게 아닐까' 하는 걱정이 들기 시작했다.

병원 침대에 누워 있는 게 답답해서 다음 날부터 링거대를 끌고 이리저리 돌아다녔다. 산책할 수 있는 곳이라고는 병원 복도와 건물 앞 그늘뿐이었다. 갈 곳이 없기는 다른 환자들도 마찬가지였다. 병원 앞에 쪼그리고 앉아 담배를 피우는 사람, 멍하니 서 있는 사람, 링거대를 끌고 천천히 배회하는 사람들이 눈에 들어왔다. 환자들이 마음 편하게 산책하며 쉴 수 있는 공간이 없었다. 주차장은 이미 차들로 가득 메워져 있었고, 한낮의 태양을 피할 곳은 콘크리트 건물 내부뿐이었다.

첫 번째 쇄석술을 시행한 지 얼마 지나지 않아 새벽녘에 또다시 통증이 발생했다. 또 한 번 구급차에 몸을 실어야 했다. 전과 같이 진통제를 맞고 가까스로 통증을 가라앉힌 뒤 두 번째 쇄석술을 받았다. 다시 받는 치료에 긴장감은 덜했지만 도대체 왜 결석이 생겨서 이렇게 사람을 힘들게 하는지 결석이란 놈을 찾아 세상에서 없애 버리고 싶었다.

이스라엘은 세계에서 손꼽히는 창업국가다. 이스라엘의 부모들은 아이들이 창업을 원하면 온 힘을 다해 지원한다. 아이들은 부모의 지원에 힘입어 담대하게 창업에 도전한다. 그 비결은 바로 '후츠파 정신'에 있다. 후츠파는 히브리어로 '담대함, 저돌성, 뻔뻔함'을 의미한다. 형식을 파괴하고, 질문할 권리를 인정하고, 서로 융화하고, 위험을 감수하고, 목표를 지향하고, 끈기 있고, 실패에서 교훈을 얻는 것 이 7가지 요소가 후츠파 정신을 나타낸다. 이 중 실패에서 교훈을 얻는 태도는 아주 중요하다. 실패 속에 기회가 숨어 있기 때문이다.

실패를 정리하고 분석해서 나만의 '실패노트'를 만들면 숨어 있던 기회를 찾아낼 수 있다. 발명왕 에디슨은 실패노트에 발명과정과 그 속에서 일어난 문제점들을 꼼꼼히 기록해서 발명의 자산으로 삼았다. 일본의 도요타 자동차 역시 실패노트를 만들어 전 사원이 공유함으로써 북미에서 베스트셀러 자동차로 등극할 수 있었다.

결석으로 두 번씩이나 병원에 입원한 일은 실패노트를 만드는 계기가 되었다. 내가 환자가 되자 '환자는 무엇을 싫어하는가, 환자는 무엇을 원하는가'에 대해 생각해 보게 된 것이다. 이를 토대로 훗날 '어떤 한의원을 만들 것인가, 환자에게 어떻게 대할 것인가, 환자에게 무엇을 제공할 것인가'를 도출할 수 있었다. 그 내용은 다음과 같다.

첫째, 환자들이 편히 쉬었다 갈 수 있는 한의원을 만든다. 내가 병원에 입원해 있을 때 한낮에 링거대를 끌고 돌아다닐 수 있는 곳이라고는 건물 내부뿐이었다. 건물 내부에서도 휴식을 취할 수 있는 곳이 많지 않았다. 나의 환자들에게 마음 편히 쉴 수 있는 곳을 제공하고 싶다는 바람이 생겼다.

둘째, 환자들이 여유와 즐거움을 갖고, 웃음이 가득한 한의원을 만든다. 몸이 아플 때 가장 먼저 잃는 것이 웃음이요, 늘어가는 것은 짜증뿐이다. 의사가 즐거워야 환자도 즐겁다. 웃으면서 즐겁게 일하고 환자에게 여유와 즐거움을 주고 싶다는 생각이 들었다.

셋째, 빛이 풍성한 한의원을 만든다. 어두운 곳에 있으면 마음도 우울해진다. 우울증 환자들을 치료할 때도 밖에 나가 햇빛을 쐬라고 말한다. 빛은 그만큼 중요하고 건강과도 밀접한 관련이 있다. 밝고 따뜻한 한의원에서 환자를 치료하는 모습을 떠올렸다.

넷째, '3YES'가 있는 한의원을 만든다. 육신의 병을 치료하러 간 곳에서 환자들은 종종 마음의 병을 얻어 오기도 한다. 의료인과 직원들의 말 한마디에 환자들은 웃기도 하고 울기도 한다. 나는 "안 돼요.", "없어요.", "몰라요." 대신 "가능합니다.", "있습니다.", "알아보겠습니다."라고 말하는 한의원을 만들겠다고 다짐했다.

다섯째, 질병의 재발을 막고, 질병을 예방하는 한의원을 만든다. 같은 병으로 연속해서 치료받다 보니 병이 발생하는 근본 원인을 알고 싶었다. 결석은 병의 결과물일 뿐이다. 결석을 없앴다고 해서 몸이 나았다고 여기는 것은 큰 착각이다. 결과물을 없앴을 뿐 건강 상태는 변함이 없기 때문이다. 전체적인 몸 상태를 개선하지 않으면 병은 또다시 생긴다. 암이 생긴 사람이 암을 제거하고 완치되었다 해도 암이 재발하는 것과 같은 원리다. 이러한 원리를 환자에게 일깨워 주며 질병을 치료하고 나아가 병을 예방해서 삶의 질을 높이는 한의원을 만들어 나가겠다고 다짐했다.

"수많은 작은 실수가 커다란 성공을 이끌어 내는 법이다."

중국 사상가인 장자가 한 말이다. 작은 실패들이 모여 큰 성공을 만든다. 그러나 실패를 '단순히 실패한 것'으로만 여기면 성공을 이끌어 낼 수 없다. 착한 실패인지 나쁜 실패인지 판가름하는 것은 실패를 대하는 나의 자세에 달려 있다.

실패를 자산으로 여기는 사람만이 실패 속에서 보석을 캐낼 수 있다. 나는 첫 번째 편입 실패 후 소송 사건을 처리하는 과정에서 건강에도 실패를 겪어 결석 치료를 받았다. 가장 비참하고 낮은 위치에 있었기에 미래에 만들고 싶은 한의원을 구체적으로 그릴 수 있었다.

개원하기 전, 실패노트를 다시 들춰 봤다. 환자들이 편히 쉬었다 갈 수 있는 한의원, 환자들이 여유와 즐거움을 갖고 웃음이 가득한 한의원, 빛이 풍성한 한의원, '3YES'가 있는 한의원, 병을 치료하고 병의 예방을 막는 데 힘쓰는 한의원. 이 5가지를 기억하며 입지 선정, 건물 선정, 인테리어, 동선 배정, 조명 하나하나에 심혈을 기울였다. 이처럼 실패노트를 활용하는 것에 대해 궁금한 사항이 있다면 나의 휴대전화 010.8868.4249로 연락해도 좋다. 내 경험을 바탕으로 실패노트 작성법과 활용 노하우에 관해 친절히 알려 줄 것이다. 자신만의 실패노트를 통해 당신도 나처럼 성공적인 결과를 이루길 바란다.

동에 번쩍 서에 번쩍 이리저리 뛰어다니며 바쁘게 치료하면서도 웃음을 잃지 않는 내게 한 환자가 물었다.

"원장님은 어떤 상황에서도 항상 웃고 계시네요. 비결이 뭐예요?"

"비결이요? 제 실패노트 때문이에요. 호호호."

환자들은 이런 나를 보고 에너지를 얻고, 나는 치료받은 후 웃는 얼굴로 한의원을 나가는 환자들을 보면서 에너지를 얻고 있다. 이렇듯 실패는 기회를 등에 업고 함께 온다.

100℃ 열정은
시련도 녹인다

살면서 미쳤다는 말을 들어보지 못했다면
너는 단 한 번도 목숨 걸고 도전한 적이 없었던 것이다.

– W. 볼튼

물은 온도가 0℃ 이하로 내려가면 고체인 얼음으로 변하고 100℃ 이상으로 올라가면 기체인 수증기로 변한다. 액체에서 기체로 변하는 온도를 끓는점이라고 한다. 물의 끓는점은 100℃로서 1℃만 모자라도 물은 수증기가 될 수 없다. 액체에서 기체로 변하기 위해서는 100℃에 이를 만한 충분한 열에너지를 공급해 주어야 한다. 마찬가지로 무기력한 삶이 활기찬 삶으로, 시련 가득한 삶이 행복이 가득한 삶으로, 실패한 삶이 성공하는 삶으로 바뀌기 위해서는 충분한 열에너지가 필요하다. 그것은 바로 100℃ 열정이다.

힘든 시기를 겪고 있는 사람은 옆에서 잠잠히 기다려주는 게 좋다. 어설픈 동정이나 위로의 말이 상대방의 마음에 깊은 생채기를 낼 수 있기 때문이다. 소송으로 돈도 잃고 사람도 잃은 힘든 상황에서 주위 사람들은 부모님을 위로한다며 한마디씩 툭툭 내뱉었다.

"딸 나이도 많은데 공부는 무슨 공부예요. 빨리 시집이나 보내요."

"돈도 없으면서 무슨 공부시킨다고 그래요. 욕심내지 마세요. 포기해요."

부모님이 아랑곳하지 않자 나중에는 내게 직접 충고하기 시작했다. "고집 피우지 말고 그냥 단념해라.", "요즘 한의원들 경기도 안 좋다는데 뭐하러 한의대 가려고 하니?", "힘들어하는 부모님을 생각해라." 등 용기를 주기보다는 낙담시키는 말들이 더 많았다. 자신도 꿈을 포기하고 살았으니 젊은 나도 현실에 맞춰 살라는 말이었다.

꿈을 이루어 본 사람만이 꿈을 꾸라고 말한다. 꿈을 꾸어 본 적도, 성취해 본 적도 없는 사람들은 현실에 순응하며 살라고 말한다. 꿈을 잘라내고 팍팍한 현실에 내 몸을 맞추라고 강요한다. 꿈을 성취한 경험이 없는 사람들 앞에서 비전이나 꿈 이야기를 하는 건 말다툼하려고 시비를 거는 것과 같다.

미국의 저명한 언론인 데이비드 브링클리는 "남들이 당신에게 던진 벽돌들로 탄탄한 기반을 쌓을 수 있어야 성공한다."라고 말했다. 그래서 현실에 맞춰 살라는 말을 들을 때마다 나는 "네~"
하고 그냥 웃어넘겼다. 대신 그들의 비난을 원료 삼아 열정 에너
지로 전환시켰다. '장차 멋진 한의사가 되어서 꼭 치료해 드릴게
요. 아프면 제가 제일 먼저 떠오르도록 능력 있는 한의사가 될게
요' 나는 이러한 열정 에너지를 밑천 삼아 꿋꿋하게 전진해 마침
내 한의대 합격을 이루어 냈다.

한의대에 다닐 때는 더욱 많은 열정 에너지가 필요했다. 학교
를 다니는 동안 교회 사람들과 정이 많이 들었다. 서울에서 홀로
내려와 공부하고 있는 내 모습이 안쓰러웠는지 많은 분들이 관심
을 쏟고 챙겨 주셨다. 모임이 끝나면 음식과 반찬을 봉지에 담아
늘 먼저 챙겨 주셨고, 아파서 누워 있으면 따뜻한 죽과 약을 사서
건네주고 가셨다. 김장철이 되면 큰 김치통에 1년 먹을 김치를 담
아 주면서 공부하느라 애쓴다며 격려를 아끼지 않았다. 이렇게 사
랑과 정성이 담긴 음식을 먹고 있노라면 감사한 마음에 눈물이
왈칵 쏟아졌다.

본과 3학년 때 갑자기 한의학과만 삼례에서 전주로 이전하는
상황이 발생했다. 동기들은 모두 전주로 이사했다. 하지만 교회 사
람들에게 사랑을 듬뿍 받은 나는 삼례를 떠나지 않기로 결정했
다. 정든 이들과 함께 있고 싶은 마음에서였다. 결국 졸업까지 남
은 2년 동안 홀로 삼례에 남아 꿋꿋이 통학했다.

문제는 시험 기간이었다. 본과 3학년 때는 수강과목이 많아서 3주에 걸쳐 매일 1~2과목씩 시험을 치렀다. 말이 1~2과목일 뿐 양이 방대했다. 잠에서 깨서 공부하고 시험보고 잠시 눈을 붙이고, 다시 깨서 공부하고 시험 보기를 3주 동안이나 반복했다. 이런 상황에서 왕복 1시간이 넘게 통학까지 해야 했다.

결국 나는 학교에서 숙식을 해결하기로 결정했다. 시험 기간이 되면 침낭과 베개, 세면도구를 챙겨서 가지고 다녔다. 당일 시험이 끝나면 침낭과 베개를 들고 여학생 휴게실에 들어가 간이침대에 누워 잠을 청했다.

"성희 씨 독하다 독해."

상황에 굴하지 않고 어떻게든 돌파해 내는 나를 보며 편입 동기가 말했다. 이 말은 본과 4학년 때도 이어졌다.

국가고시를 앞두고 다시 침낭과 베개, 세면도구를 챙겼다. 달라진 점이 있다면 여학생 휴게실의 간이침대가 아닌 국가고시 준비실의 이층 침대에서 잘 수 있다는 것이었다. 저녁이 되면 동기들이 다 가고 난 후 문을 걸어 잠갔다. 밤 12시, 새벽 2시, 동기들마다 공부를 마치고 집에 가는 시간이 달랐다. 동기들이 가고 나면 재빨리 침낭을 펴고 꿀잠을 청했다. 기상시간은 아침 6~7시 사이였다. 일찍 일어나 세면을 마치고 가장 먼저 자리에 앉았다. 결과적으로 가장 먼저 학교에 도착해서 가장 늦게 집에 가는 학생이 된 셈이었다.

"언니, 오늘도 여기서 잤어요?"

한겨울에 전기장판에 의지해 잠을 청하고, 일주일에 한 번 집에 들어갈까 말까 하는 나를 보고 모두들 안쓰러워했다. 하지만 나는 전혀 고생이라고 생각하지 않았다. 오히려 내 안에 이런 열정이 살아 숨쉬고 있음에 감사했다. 그 열정으로 장애물들을 가뿐히 넘을 수 있었다.

"그대가 서 있는 곳에서, 그대가 가진 것으로, 그대가 할 수 있는 최선의 일을 하라."

미국 32대 대통령 프랭클린 루스벨트의 말이다. 열정은 가진 것 안에서 최선을 다하게 하는 힘이 있다. 힘들이지 않고도 쉽게 결과물을 얻는 상황에서는 굳이 많은 노력이 필요하지 않다. 부족한 환경, 모자란 조건에서 목표를 향해 나아갈 때만이 길을 만들어 내고 힘차게 뛸 수 있는 열정이 생기는 것이다.

한의대를 다니는 동안 체력적으로도 힘들었고, 타지에서 홀로 지내느라 외로움도 많이 느꼈다. 하지만 사랑과 관심을 쏟아 준 분들 덕분에 피를 말리는 본과 3학년과 국가고시 준비 기간을 무사히 넘길 수 있었다. 통학이 쉽지는 않았지만 내가 내린 결정에 후회하지 않았다. 내가 서 있는 곳 삼례에서, 내게 사랑을 주신 분들 곁에 남아 꿋꿋이 통학하고, 시험기간에는 학교를 집 삼아 내가 할 수 있는 최선을 다했다. 그것을 가능케 한 것은 바로 '열정'이었다.

'열정(熱情)'이란 한자로 뜨거울 열, 뜻 정을 나타낸다. 사전적으로는 어떤 일에 열렬한 애정을 가지고 열중하는 마음을 의미한다. 열정을 발휘하기 위해서는 뜨거운 마음이 필요하다. 냉랭하고 차가운 마음에서는 열정이 피어날 수 없다. 아무리 뛰어난 재능을 갖고 있어도 "그까짓 게 뭐 별거라고.", "그런 것쯤 나한테는 식은 죽 먹기야."라며 차가운 마음을 지닌 사람은 목표에 애정을 갖고 열중할 수가 없다. 열정이란 오직 목표를 꼭 이루고 말겠다는 절박함, 그 뜨거운 마음에서 피어난다.

브라질 리우 올림픽 남자 허들 육상에서 시작과 동시에 한 선수가 첫 번째 허들에서 넘어지고 말았다. 모두들 포기할 거라고 예상했지만 선수는 벌떡 일어나 끝까지 완주했다. 선수를 일으켜 세운 것은 끝까지 뛰겠다는 열정이었다. 이렇듯 열정이 있어야 넘어져도 일어날 수 있고 장애물도 뛰어넘을 수 있다. 열정이 없으면 그 어떤 시련도 이겨 낼 수 없다. 그러므로 이제부터는 매 순간 열정을 다하고 열정적인 삶이 습관이 되도록 노력하자. 100℃ 열정은 어떠한 시련도 녹이는 힘이 있기 때문이다.

원망으로 인생을 낭비하지 마라

고통이 남기고 간 뒤를 보라!
고난이 지나면 반드시 기쁨이 스며든다.

– 요한 볼프강 폰 괴테

진료시간이 끝나갈 무렵 여성 환자 한 명이 다급히 들어왔다.

"좀 늦은 것 같은데 지금이라도 치료받을 수 있나요?"

"네, 어서 들어오세요. 치료해 드릴게요."

환자가 미안해할까 봐 치료하면서 이런저런 이야기를 나누었다.

"어머니는 호탕하시고 성격도 좋으셔서 지금껏 큰 어려움 없이 지내셨을 것 같아요."

한의원에 올 때마다 늘 환하게 웃으며 미소를 잃지 않았기에 물어본 말이었다.

"제가 그렇게 보여요? 호호호. 기분 좋네. 실상은 정반대였어요. 결혼해서 시댁 식구 12명을 부양해야 하는 상황이었어요. 남편이 종갓집 장남이었거든요. 남편 월급으로는 도저히 생활비가 감당이 안 돼서 제가 직접 식당을 차렸어요. 새벽 일찍 일어나 도매시장에 가서 당일에 쓸 식재료들을 사다가 손질해 놓았죠. 하루 종일 손님들을 상대하며 점심도 못 챙겨 먹어서 만성위염에 시달렸어요. 집에 돌아오면 녹초가 되어 쓰러졌고요. 그렇게 번 돈으로 시댁 식구들을 다 먹여 살렸어요. 시동생들 대학도 보내고 뒷바라지도 해 주고 그렇게 제 인생을 다 보냈어요."

목이 메었는지 그분은 잠시 말을 잇지 못했다.

"어머니, 시동생들이 원망스럽지 않았어요?"

"원망스럽긴요. 힘들긴 했지만 그 덕분에 우리 딸들도 병치레 한 번 없이 건강하게 잘 자랄 수 있었던 것 같아요. 복을 받은 셈이죠."

살다 보면 원망스러운 일들이 생기게 마련이다. 상대방에게 실망스럽고, 화나고, 서운하고, 아쉬운 감정들이 올라오기도 한다. 그러나 지속적인 원망은 자신을 해칠 뿐이다. 원망하는 사람들은 상대를 못마땅하게 여겨서 탓하거나 불평을 일삼고 미워한다. 이들은 지나간 과거를 잊지 못하고 계속해서 상황을 곱씹는다. 상대방이 나에게 서운하게 했거나 화나게 했거나 잘못했던 점을 끊임없이 돌이켜 생각한다. 좋은 점보다는 나쁜 점만을 떠올리며 스스로를 화난 상태로 만든다. 이런 행동은 자신의 건강을 해칠 뿐이다.

동의보감에 의하면 사람은 '희노사우비공경(喜怒思憂悲恐驚)'의 7가지 감정을 갖고 있다. 7가지 감정이란 기뻐하고, 화내고, 생각하고, 근심하고, 슬퍼하고, 두려워하고, 놀라는 감정이다. 이러한 감정이 지나치면 병으로 진행되어 '칠기(七氣)'가 된다.

"화내면 기(氣)가 올라가고, 기뻐하면 기가 이완되고, 슬퍼하면 기가 사그라지고, 두려워하면 기가 내려가고, 추우면 기가 수축되고, 더우면 기가 빠져나가고, 놀라면 기가 혼란해지고, 과로하면 기가 소모되고, 생각이 지나치면 기가 맺힌다."

화를 내는 사람들을 살펴보면 씩씩거리면서 어깨가 들썩들썩하고 얼굴이 빨개진다. 격해진 감정을 주체 못해 눈을 부릅뜨고 눈이 빨갛게 충혈된다. 심하면 뒷목을 잡고 쓰러지기도 하고, 두통이나 어지러움을 느끼기도 한다. 화를 내면 몸속에서 기운이 상부로 올라가기 때문에 나타나는 모습들이다. 지나친 감정은 이렇듯 건강에 악영향을 미친다. 그러므로 1개월, 1년, 10년 장기간에 걸쳐 마음속에 화를 품고 원망을 일삼는 사람은 장기간에 걸쳐 자신을 해치는 어리석은 사람이다.

내가 누군가를 가장 원망했던 적은 소송 사건을 처리할 때였다. 10년 넘게 친하게 지냈던 어머니의 지인과 동창, 친척이 '어떻게 이런 일을 벌일 수 있었을까'라는 생각에 그들이 한없이 원망스러웠다. 매일 분노에 치를 떨며 내 안에서 넘쳐나는 감정을 주체하지 못해 힘들어했다. 화가 극도에 달해 눈이 충혈되고 머리가 터져 나갈 것 같았다. 때로는 심장이 벌렁거려서 가슴을 부여잡아야 했다. 갈수록 증상이 심해지자 나는 원망을 멈추기로 했다. 원망에 쏟아붓는 에너지를 건강한 에너지로 전환시킬 방법을 찾아 행동에 옮겼다.

① **화제 전환하기:** 원망하는 생각이 들면 즉시 다른 주제를 떠올리기
② **육체 운동하기:** 가벼운 산보, 운동, 요가
③ **사람들과 어울리기:** 모임에 나가기, 취미생활 즐기기

이와 함께 나는 적극적으로 '웃음'을 찾아 나섰다. 소송이 진행되는 동안 웃을 일이 없었다. 소송 사건의 당사자들과 만나면 다툼이 일어나서 씩씩거리며 돌아오기 일쑤였다. 한 번만이라도 진정으로 껄껄껄 웃어 보고 싶었다. 그래서 개그 프로그램들을 시청하며 웃음을 늘려 나갔다. 재미있는 방송은 재방송까지 챙겨보며 의식적으로 웃고 또 웃었다. 또한 몸을 움직이기 위해 집 안에서 벗어나 학교 운동장을 지칠 때까지 걸었다. 당시 시험에서 떨어진 상태라 아무도 만나고 싶지 않았다. 그럴수록 용기를 내어

교회 모임에 당당히 참석했다. 그렇게 나는 원망을 멈추기 위해 노력했다.

소송이 끝난 후 어느 결혼식장에서 소송 당사자인 친척과 마주쳤다. 전에는 멀리 있어도 달려가 인사를 하던 사이였지만 소송을 계기로 연락이 끊어졌었다. 그런데 그분을 보자 나는 무의식적으로 고개 숙여 인사했다. 우리 집을 힘들게 했던 분에게 말이다. 인사하고 나자 억울하고 분한 감정이 일어났다. 눈 앞에 없을 때는 애써서라도 원망을 멈출 수 있었지만 막상 당사자가 눈 앞에 나타나자 금세 다시 분노와 원망이 일어났다. 하지만 친척들 모임에서 계속 만날 텐데 그때마다 미운 마음으로 대할 수는 없는 노릇이었다. 이제까지는 잊기 위해 몸부림쳤다면 이제부터는 '용서'가 필요했다. 용서란 어설픈 잊어버림이 아니다. 다시 봐도 화가 일어나지 않는 상태, 그것이 바로 용서다.

"저녁이 될 때까지 분을 품지 말라."는 성경 구절을 묵상하며 '하나님, 제게 저분을 용서할 수 있는 마음을 주세요'라며 원망이 올 때마다 기도했다. 원망이 10번 올라오면 10번을 부르짖고 50번이 올라오면 50번을 부르짖었다. 그만큼 나를 잠식하는 내 안의 분노와 좌절감을 근원부터 없애고 싶어 몸부림을 쳤다. 그러자 차츰차츰 분노가 올라오는 횟수가 줄었다. 나중에 다른 모임에서 그 친척을 만나도 더 이상 분노나 원망을 느끼지 않았다. 그제서야 그분을 용서할 수 있었다.

원망이란 사건에 대한 분노감과 상실에 대한 좌절감을 포함한다. 사건을 일으킨 사람과 상황, 무기력한 자신에게 화가 나고, 잃은 것을 복구하기 어려운 현재 상황에 좌절감을 느낄 때 원망이 올라온다. 그러나 원망이 가져다주는 유익은 없다. 오히려 해만 있을 뿐이다. 러시아의 대문호 톨스토이는 분노에 대해 이렇게 경고했다.

"분노는 타인에게 있어서도 해로운 것이지만 분노에 잡혀 있는 자신에게는 더욱 해롭다."

과거 사건에 대해 분노가 일어나면 일단 생각을 멈추는 것이 좋다. 아무리 화를 내도 과거를 원상 복구시킬 수는 없다. 과거는 과거일 뿐 지나간 일은 빨리 잊는 것이 좋다. 억지로라도 잊거나 생각이 날 때마다 즉시 화제를 돌려야 한다. 좌절감을 느낀다는 것은 나에겐 상황을 돌파해 낼 능력이 없으므로 불편한 이 상태에 계속 머물러 있겠다는 것을 의미한다. 부정적인 자기 암시에 빠진 것이다. 누구에게나 불편한 상황을 반전시켜 전보다 더 풍요로운 상황을 만들어낼 힘이 있다. '나는 해낼 수 있다'는 긍정적인 착각이 좌절감을 몰아낼 수 있다. 지금부터라도 원망을 멈추어야 한다. 원망으로 인생을 낭비하는 것만큼 어리석은 일은 없다.

길이 끝나는 곳에
또 다른 길이 있다

오랫동안 꿈을 그리는 사람은
마침내 그 꿈을 닮아 간다.
– 앙드레 말로

신입사원 연수 기간 마지막에 무박 2일 동안 65km 거리를 걷는 프로그램이 있었다. 도보를 완주하면 작은 배지를 주는데 이 배지는 '당신은 이제 우리 기업의 진정한 일원이 되었습니다'라는 것을 의미했다. 군대를 다녀온 동기들은 발바닥에 파스를 붙이거나 붕대를 감아 자신만의 준비 태세를 갖추었다.

저녁 시간, 드디어 도보를 시작했다. 수백 명의 입사 동기들이 일렬로 걷기 시작했다. 깜깜한 어둠 속에서 모두들 앞사람의 발자국을 따라갔다. 그런데 예상치 못한 상황이 발생했다. 갑자기 무릎이 아파오기 시작한 것이다. 젊음 하나만 믿고 완주할 수 있을 거라고 자신했던 것과 달리 시간이 지날수록 통증이 심해졌다. 5km를 걸을 때까지만 해도 괜찮았지만, 15km를 넘어가자 다리가 후들거리고 한쪽 다리가 질질 끌리기 시작했다. 빨리 쉬고만 싶었다. 잠시 쉬는 동안 스프레이 파스를 뿌리고 통증이 멎기를 기다렸다.

두 번째 구간을 걷기 시작하자 고통이 점점 한계에 이르렀다. 아직 반도 못 갔는데 포기할 수는 없었다. 다리를 내 의지대로 움직일 수 없는 상황에서 '이제 30km밖에 안 남았네'라며 스스로를 다독이는 것은 의미가 없었다. 어떠한 생각도, 어떠한 격려도 필요 없었다. 그냥 한 걸음만 더 내딛는 것이 필요했다. 오른발이 앞으로 가면 왼발이 따라오고, 왼발이 앞으로 가면 오른발이 뒤따랐다.

마지막 구간은 마의 구간이었다. 길이 험난해서가 아니라 내부에서 자신과의 치열한 싸움이 벌어지고 있었다. 지칠 대로 지친 상태에서 다리는 더욱더 움직이지 않았다. 좀비처럼 팔다리가 따로 놀았다. 이대로 주저앉고 싶었다. 이를 악물고 속으로 '한 걸음만 더, 한 걸음만 더'를 수백 번 넘게 외쳤다. 그리고 계속 걸어 나갔다.

날이 밝아오자 사물이 뚜렷하게 보이기 시작했다. 저 멀리 숙소가 보였다. 다리는 마비 상태에 가까워졌다. 하지만 상관없었다. 고지가 눈앞에 있었고 이제 저곳에만 다다르면 예비 사원에서 정식 사원이 되는 것이었다. 마침내 결승선에 도달했고 완주 배지를 받는 순간 정식 사원의 길이 열리기 시작했다.

살다 보면 '나는 도대체 어디쯤 와 있고 어디에 서 있는 걸까'라는 생각이 들 때가 있다. 계속해서 길을 걸었는데 끝은 보이지 않고 답답하기만 할 때가 있다. '분명 이 길이 곧 끝나겠지'라고 생각하지만 가도 가도 목적지가 보이지 않을 때면 두려움과 불안감이 몰려오기 시작한다. 게다가 길이 울퉁불퉁하고 좁고 험하기까지 하면 금방이라도 주저앉아 버리고 싶어진다.

인생은 끊임없이 길을 걸어 나가는 과정이다. 비바람이 불어도, 태풍이 닥쳐도, 뜨거운 햇살이 내리쬐어도, 추위가 몰려와도 계속해서 길을 걸어가야 목적지에 도착할 수 있다. 아름다운 해변에서 즐거운 시간을 보내고 싶어 하는 사람이 있다고 하자. 비행기를 타고, 버스를 타고, 목적지까지 걸어가는 것을 귀찮아한다면 결코 바닷가에서의 여유는 누릴 수가 없다. 시간과 노력을 들여 어떻게든 바닷가에 도착해야 드넓은 바다와 아름다운 풍경을 감상할 수 있다.

소송 사건을 처리하는 1년은 추운 겨울과도 같았다. 자연에는 봄, 여름, 가을, 겨울 4계절이 있었지만 나의 마음은 언제나 겨울이었다. 얽히고 설킨 실타래들을 하나하나 풀어서 처음과 끝을 입증하고 드러내기 위해 노력했다. 그 과정에서 가족들과 마찰도 있었고 때로는 상대방으로부터 납치, 감금으로 억울하게 고소를 당하기도 했다. 고통스러웠지만 소송 사건을 처리하기 위해 최선을 다했던 이유는 부모님의 마음을 조금이라도 위로해 드리고 싶었기 때문이었다. 누군가 나를 위해 발로 뛰며 노력해 주고 있다는 사실만으로도 위로가 되기 마련이다.

혹독한 겨울이 지나자 봄이 찾아왔다. 소송이 어느 정도 마무리되자 부모님이 서울에 올라가서 공부하는 것을 허락하신 것이었다. 가족들을 위해 최선을 다하는 나의 모습이 부모님을 감동시킨 것이다. 날아갈 듯이 기뻤다. 짐을 싸서 이튿날 바로 서울에 올라왔다.

첫 번째 해에 편입 시험 낙방, 두 번째 해에 1년 동안 소송 준비, 세 번째 해에 MEET/DEET 시험 낙방. 혼란스러웠다. 이 길은 언제쯤 끝나는 걸까. 이 길에 끝은 있는 걸까. 도대체 나의 길은 어떤 길일까. 그래도 끝까지 길을 가 보기로 했다.

수험생으로서의 마지막 1년은 이상하리만치 마음이 평온했다. 한 번 공부해 본 경험이 있어서 수업 내용도 머리에 쏙쏙 들어왔고, 복습을 해도 신이 났다. 가방을 챙겨 수업하러 갈 때면 설레기까지 했다. 옆자리에서 "누군가 이거 작년 기출 문제였대. 올해는 이 부분에서 나올 것 같지 않아?"라고 말해도 흔들리지 않았다. 전에는 옆 사람의 말에 더 관심을 가졌고, 예전 출제경향에 신경 쓰느라 중요한 부분을 놓쳤다. 그러다 보니 중심보다는 곁가지

들에 더 관심을 가졌었다. 그러나 이제는 흔들리지 않았다. 기본에 충실하고, 내가 공부한 부분에서 나올 거라는 믿음을 가졌다. 기본을 벗어난 예상치 못한 문제가 나오면 마음을 비우기로 했다. 1년 후, 드디어 합격증을 손에 쥐며 긴 수험생활을 마칠 수 있었다.

흔히들 인생은 새옹지마라고 한다. 새옹이라는 노인이 갖고 있던 말이 오랑캐 땅으로 달아나자 사람들은 아쉬워했지만 노인은 좋은 일이 될지 어찌 알겠냐며 태연했다. 노인의 말이 오랑캐의 말들을 이끌고 돌아오자 사람들은 축하했지만 노인은 화가 될지 어찌 알겠냐며 담담해했다. 노인의 아들이 말에서 떨어져 다리를 다치자 사람들은 위로했지만 노인은 좋은 일이 될지 어찌 알겠냐며 태연했다. 1년 후 오랑캐가 쳐들어오자 절름발이가 되어 싸움에 나갈 수 없었던 노인의 아들만이 살아남을 수 있었다.

어떻게 될지 알 수 없는 것이 인생이다. 좋은 일이 있으면 나쁜 일도 있고, 슬픈 일이 있으면 행복한 일도 있는 것이 인생이다. 첫 번째 낙방이 나를 겸손하게 만들었고, 소송 사건들이 꼼수 부리지 않고 인생을 당당히 살아가도록 만들었고, 두 번째 낙방이 욕심을 버리게 만들었고, 세 번째 시험에서의 합격이 인내심을 키워 주었다. 실패라고 생각했던 일들이 나를 성장시키고 꿈에 대한 열망을 키워 주었다. 열망과 열정이 있었기에 힘든 한의대 생활도 버텨낼 수 있었고, 슬픈 일이 있었기에 행복한 일도 있을 수 있었다.

삶을 살다 보면 어려운 일에 부딪힐 때가 있다. 길을 걷다가도 길을 잃고 헤맬 수 있다. 분명 일직선의 곧게 쭉 뻗은 길이었는데 어느 순간 구불구불 좁은 길을 가야 할 때가 있다. 때로는 길을 잘못 들어서 빙빙 제자리를 맴돌기도 한다. 길을 잃었다고 해서 좌절할 필요는 없다. 길과 길은 서로 연결되어 있기 때문이다. 곧장 뻗은 길로 목적지에 바로 갈 수도 있고, 멀지만 돌아서 갈 수도 있는 법이다.

중요한 것은 멀리 돌아가는 것이 결코 나쁜 것만은 아니라는 점이다. 고난과 시련이 나를 성장시키고 강인하게 만들어 주기 때문이다. 슬픔이 없으면 기쁨을 모르고, 고통이 없으면 행복도 알지 못한다.

어두운 터널을 빠져나오면 반드시 밝은 길이 나온다. 복잡한 길도 끝나는 곳은 있기 마련이다. 그러므로 길 한가운데서 헤매거나 주저앉고 싶은 순간이 있다면 '한 걸음만 더'를 외치며 앞으로 나아가야 한다. 길이 끝나는 곳에는 항상 또 다른 길이 있기 때문이다.

비범한 노력으로
임계점을 넘어서라

어떤 분야에서든 전문가가 되고 성공하기 위해서는
3가지가 필요하다. 재능, 공부 그리고 노력하는 것이다.

– 헨리 워드 비처

"나는 몇 달이고 몇 년이고 생각하고 또 생각한다. 그러다 보면
99번은 틀리고, 100번째가 되어서야 비로소 맞는 답을 얻어 낸다."

천재 물리학자 아인슈타인의 말이다. 한 문제에 대해 오랜 시
간 생각해 보고 반추해서 결론에 이른다는 말이다. 아인슈타인
같은 천재도 100번을 생각해서 답을 얻는다. 그렇다면 보통 사람
들은 과연 어떻게 해야 할까? 답은 간단하다. 아인슈타인처럼만
하면 된다. 99번 틀리면 100번 생각하고, 100번 틀리면 101번 생
각하면 된다. 시간과 노력을 투자해야 열매를 얻는다는 것은 천재

나 보통 사람에게나 동등한 원리다.

중학교 시절, 나는 암기하는 것에 자신이 있었다. 시험 전날 한 번 보면 웬만한 것은 외울 수 있었다. 그러나 고등학교에 진학한 후 예상치 못한 문제가 발생했다. 영어단어 20개를 외우고 복습하려는데 지우개로 말끔히 지워 버린 것처럼 전혀 기억이 나지 않았다. 암기력이 떨어진 것이었다.

시간이 지날수록 외워야 할 단어는 쌓여만 갔다. 공부해야 할 과목까지 늘어나자, 마음은 자꾸 불안해졌다. 단어 암기에만 시간을 쏟을 수도 없어서 급기야 영어를 방치하는 지경에까지 이르렀다. 단어를 외우지 못하자 문장을 해석하는 데 어려움이 생겼다. 길이가 짧은 문장은 금방이라도 자신 있게 해석했지만, 문장이 조금만 길어져도 헤매기 일쑤였다. 간신히 생각나는 몇 개의 단어로 문장의 뜻을 유추하는 식이었다. 영어 시간이 되면 마음이 답답하고 불안했다. '차라리 영어 과목이 없어졌으면' 하는 마음까지 들 정도였다.

대학생이 되자 암기력을 향상시키고 싶은 마음이 더욱 간절해졌다. 오랫동안 방법을 찾아 헤맸다. 신문을 보거나 잡지책을 뒤적거릴 때도 암기의 '암' 자만 보이면 무슨 내용인지 샅샅이 훑었다. 과연 뜻이 있는 곳에 길이 있었다. 암기력을 향상시키는 프로그램이 있다는 소식을 접하고는 그 길로 달려가 배우기 시작했다. 암기력을 향상시키자 노트에 적지 않고도 단어를 외울 수 있었다.

또한 적으면서 암기할 때보다 훨씬 더 많은 단어를, 더 오랫동안 기억할 수 있었다.

"어떻게 해야 공부를 잘할 수 있나요?"라고 묻는 사람들이 있다. 그러면 나는 "부족한 점을 먼저 채우세요."라고 답한다. 운동선수의 기본은 체력이다. 체력이 부족하면 경기에서 질 수밖에 없다. 2002년 월드컵 당시 히딩크 감독은 유럽 프리미어리그 선수들의 60% 정도에 불과한 한국 선수들의 체력을 150%까지 끌어올림으로써 한국을 월드컵 4강에 올려놓았다.

마찬가지로 영어의 기본은 단어 암기다. 단어를 알아야 말도 할 수 있고, 글도 읽을 수 있다. 만약 암기능력이 부족하다면 이를 향상시켜야 한다. 암기력이 향상되면 단어를 빠르고 정확하게 암기할 수 있고, 줄어든 암기시간을 회화나 독해에 투자함으로써 공부에 가속도가 붙고 흥미를 느낄 수 있기 때문이다.

부족했던 암기력을 향상시키고 나자 본격적으로 영어를 공부할 기회가 찾아왔다. 대학원에 진학하려면 텝스 점수가 필요했다. 3개월 내 텝스 1등급 확보가 목표였다. 처음 텝스 성적은 550점으로 그야말로 처참한 상황이었다. 피를 말리는 영어와의 전쟁이 시작되었다.

우선 대학교 바로 앞에 위치한 하숙집에 둥지를 틀었다. 눈뜨자마자 아침 7시까지 도서관에 도착해 밤 12시까지 오로지 영어에만 매달렸다. 실제 시험과 똑같이 2시간에 걸쳐 텝스 1회분 모의고사를 풀었다. 7~8시간에 걸쳐 모든 문제들을 복습하고, 문제지에 나온 단어는 그날 모조리 암기했다. 시중에 나온 텝스 문제들을 모두 풀고 나자 더 이상 풀 문제가 없었다. 나중에는 도서관에서 미국 교과서 관련 독해 책들과 문제집들을 빌려 보았다. 당시 나는 정말로 절박했다. 일정 수준 이상의 텝스 점수를 확보해야 대학원에 지원할 수 있었기 때문이다. 점심시간 1시간, 저녁 시간 1시간, 화장실에 다녀오거나 잠시 밖에 나가 한숨 돌리는 것만이 유일하게 쉬는 시간이었다. 하숙집은 그저 잠을 자는 곳에 불과했다. 그렇게 3개월을 꼬박 영어에 매진한 결과, 802점을 받아 텝스 1등급을 확보할 수 있었다.

두 번째로 영어의 벽을 넘어야 할 일이 있었다. 한의대 편입을 준비하던 첫 해에 토플 점수가 필요했다. 텝스를 공부하며 영어에 약간의 자신감을 갖게 됐지만, 토플을 접한 후 다시 좌절에 빠졌다. 듣기, 문법, 쓰기, 독해 모두 어려웠다. 당시에는 토플이 CBT(Computer-based TOEFL) 방식에 300점 만점으로 첫 시험 성적은 200점에 불과했다. 처음부터 다시 시작한다는 각오로 3개월을 토플에만 매달린 결과, 단 7문제만을 틀리고 300점 만점에 280점을 받을 수 있었다.

내 의지와는 상관없이 나는 영어에 끊임없는 구애를 보내야 했다. 편입 준비 마지막 해가 되자 토익 점수를 다시 취득해야 했다. 토익 유효기간인 2년이 지나서 예전 토익점수가 사라져 버렸기 때문이다. 한 번 토익을 공부해 본 적이 있어서 두 번째는 전보다 수월하게 공부할 수 있었다. 생물과 한문 공부도 병행해야 했기 때문에 틈틈이 토익 단어를 외우면서 문제를 풀고 복습했다. 이전 공부량까지 합쳐지면서 많은 양의 토익 문제들을 풀다 보니 기출 유형과 거리가 먼 문제들은 감이 왔다. 그런 문제들은 과감히 배제했다. 제자리걸음이던 성적이 12월에 920점을 찍으면서 토익 공부를 끝내고 편입시험에도 합격할 수 있었다.

한 분야에 능통하기 위해서는 많은 시간을 투자해야 한다. 그러나 단순히 시간만 많이 투자한다고 해서 노하우를 얻을 수 있는 것은 아니다. '뚜렷한 목표'와 '체계적인 연습'이 필요하다. 수영을 20년 동안 했다고 해서 모든 사람이 수영선수가 되는 것은 아니다. 대회 출전이라는 목표를 가지고 하루에 몇 바퀴를 돌고, 언제 턴을 할 것인지, 언제 터치판에 손이 닿을 것인지, 폐활량을 늘리기 위한 운동의 종류와 강도, 시간을 결정해서 체계적으로 연습해야 수영선수가 될 수 있다. 그러나 일반인들은 일주일에 3~4번 아무런 계획 없이 취미로 수영을 할 뿐이다. 똑같은 10년이라도 뚜렷한 목표와 체계적인 연습에 따라 실력은 하늘과 땅 차이가 난다.

또한 한 분야의 전문가가 되기 위해서는 임계점을 넘는 노력이 필요하다. 임계점이란 물질의 상태가 변화하기 직전의 한계점을 말한다. 사람들은 흔히 현재 상황을 바꾸고 싶다고 말하면서도 평범한 노력을 한다. '이 일은 너무 힘들어', '더 이상은 견딜 수가 없어'라며 중요한 순간에 포기하고 마는 것이다. 평범한 노력은 누구든 할 수 있다. 공부를 잘하고 싶고, 전문가가 되고 싶다면 임계점을 넘어서는 비범한 노력이 필요하다. 힘들어도 조금만 더 노력하면 임계점을 넘어서 새로운 세상을 볼 수 있다. 평범한 노력과 비범한 노력은 조금만 더 에너지를 쏟아부을 수 있는가의 한 끗 차이에 불과하다.

1만 시간의 법칙은 누구에게나 필요하다. 당신이 한 분야에 정통한 사람이 되려면 더욱 필요하다. 그러나 단순한 시간 채우기만으로는 전문가가 될 수 없다. 확실한 목표와 체계적인 연습, 임계점을 넘는 노력이 필요하다.

영어를 처음 공부할 때는 학원만 다니면 성적이 저절로 오를 줄 알았다. 오고 가는 시간, 수업에 투입한 시간, 그 노력과 정성을 생각해서라도 성적은 오를 줄 알았다. 그래서 '어느 학원, 어느 강사에게 수업을 들었더니 성적이 많이 올랐다더라' 하는 정보들을 입수하는 데 시간을 소비했다. 모두 부질없는 행동들이었다.

1만 시간이란 오로지 자신의 힘으로 탐구하고 연구해서 결과물을 얻기까지 쏟아부은 시간을 의미한다. 강의를 들으러 다니거나 배우는 시간은 제외해야 한다. 아무리 열심히 배우러 다녀도 내 것으로 만들지 못하면 배우지 않은 것이나 다름없다. 시간만 소비했을 뿐 머릿속에 남는 것이 없다. 지금 당장 학원을 끊으라는 말이 아니다. 황금같이 귀중한 내용을 배웠다면 배운 내용을 복습하고 자기 것으로 만드는 데 더 많은 시간을 쏟아부어야 한다. 1만 시간은 그렇게 채워야 하는 것이다.

돈을 잘 써야
인생이 바뀐다

신은 인간에게 선물을 줄 때 시련이라는 포장지에 싸서 준다.
선물이 클수록 더 큰 포장지에 싸여 있다.

– 딕 트레이시

미국의 교육 컨설팅 업체 로얄&컴퍼니의 보고서에 의하면 2016년도 미국 대학교 신입생의 11%가 경제적인 이유로 1지망 대학을 포기했다고 한다. 돈이 없어서 10명 중 1명은 원하는 대학에 가지 못했다는 의미다. 가끔씩 TV에서 돈이 없어서 공부를 못 한다거나 원하는 대학에 합격하고도 돈이 없어서 포기했다는 말을 들을 때면 나와는 상관없는 머나먼 세계의 일인 줄만 알았다. 그러나 이런 일이 존재할 수 있다는 것을 몸소 겪고 나서야 눈물로 얼룩진 그들의 심정을 이해할 수 있었다.

"수험번호 ○○○○번 최성희 님, 합격입니다."

4년 전, 불합격을 통보했던 홈페이지에서 이번엔 합격 소식을 알려 주었다. 그러나 합격의 기쁨은 오래가지 않았다. 등록금 납부 마감일이 다가오고 있기 때문이었다. 소송을 진행할 당시 300만 원이 없어서 변호사를 선임하지 못했는데, 소송이 끝난 후 550만 원이란 돈은 더욱이 없었다. 집에 돈이 씨가 마른 상태였다. 모아 놓은 돈도 없었고, 잠시나마 융통할 돈도 없었다. 하루하루 지날수록 마음이 초조해졌다. 얼마 남지 않은 마감일까지 등록금을 납부하지 못하면 합격이 취소될 상황이었다.

그때 머릿속에 떠오르는 친척이 있었다. 그분에게는 가난한 형편 탓에 등록금이 없어서 연세대를 포기하고 장학금을 받을 수 있는 서울교육대에 다니는 조카가 있었다. 만일 자신에게 미리 말했었다면 첫 등록금만이라도 빌려줬을 거라며 조카를 안타깝게 여기던 분이었다. 그래서 용기 내어 도움을 청해 보기로 했다.

"안녕하세요, 저 성희예요. 이번에 한의대에 합격했어요. 지금 한국장학재단에 대출을 신청하면 등록금 마감일 이후에 대출이 실행되거든요. 마감일 내에 납부하지 못하면 합격이 취소되고요. 등록금을 빌려주시면 1개월 후에 장학재단에서 대출이 실행되는 대로 바로 갚아 드릴게요. 등록금 좀 빌려주실 수 있을까요?"

친척은 며칠만 생각할 시간을 달라고 했다. 그러나 며칠 후 500만 원이 있긴 하지만 서울대병원에서 치과 치료를 받아야 해서 돈을 빌려줄 수 없다며 거절했다. 남편이 사업을 하고 있고, 10억

원이 넘는 아파트를 보유하고 있으며, 서울대병원을 자주 이용하는 분이어서 내심 빌려줄 것을 기대했었다. 하지만 돌아온 대답은 "빌려줄 수 없다."라는 말뿐이었다.

답답한 마음에 거리로 나가 무작정 걷기 시작했다.

'하나님, 도와주세요. 이 상황을 헤쳐 나갈 수 있도록 제발 제게 길을 열어 주세요. 포기하지 말자. 분명 길이 있을 것이다. 절대로 포기하지 말자'

간절한 기도와 함께 긍정의 기운을 스스로에게 불어넣으면서 하염없이 걷고 또 걸었다.

집에 돌아왔지만 현실은 변한 것이 없었다. 여전히 돈은 없었고, 등록금 마감 시간이 하루하루 짧아지고 있었다. 간절한 마음으로 기도하고 또 기도했다.

마감 며칠 전 동생이 다급히 전화를 걸어왔다.

"누나, 등록금 마련했어. 아는 형에게 부탁했더니 흔쾌히 빌려주겠대. 송금할 테니까 통장 번호 좀 불러 줘."

순간 저절로 무릎이 구부러지고 감사의 기도가 나왔다.

'하나님, 감사합니다! 동생아, 고맙다!'

살아오면서 넉넉하진 않아도 돈 때문에 위기를 겪어 본 적은 없었다. 사고 싶은 것이 있으면 사면 그만이었다. 그러나 몇 번의 돈 가뭄을 겪고 나자 절약하며 사는 법을 배우게 되었다. 어느 날

점심을 먹는 도중 한 직원이 내게 말했다.

"원장님은 손에 물 한 방울 안 묻히고 어려움 없이 살았을 것 같아요."

하지만 현실은 정반대였다. 회사를 나오면서 한의대를 졸업하기까지 10년이 걸렸다. 내 퇴직금과 부모님의 지원으로 간신히 수험 생활을 버틸 수 있었지만 시험기간이 길어지다 보니 나를 위해 돈을 쓰는 것은 사치였다. 옷과 신발은 1만 원이 넘어가면 사지 않았고, 1만 2,000원만 돼도 살까 말까 몇 번을 망설였다. 한의대 합격 후 9,900원짜리 두툼한 윗옷 5벌을 구매해서 졸업할 때까지 이 옷으로 매년 겨울을 보냈다. 입학해서는 과외로 생활비를 충당하고 학비는 학자금 대출을 받아서 공부했다. 돈이 없는 슬픈 현실이 나를 한층 강하게 만들어 준 것이다.

돈이 없으면 안 사고 절약할 수는 있었다. 그러나 한의대를 다니면서 빚이 점점 늘어나자 근심도 늘어갔다. 소송에서 패소한 탓에 원금과 이자를 한 푼도 못 받았고 이 때문에 집을 담보로 한 마이너스 통장은 잔고가 0원에 가까웠다. 원금을 갚기는커녕 한 달 한 달 이자를 감당하기에도 벅찼다. 자칫 이자라도 못 내면 집이 경매로 날아갈 처지였다. 여기에 학자금 대출로 나의 빚까지 늘어가자 하루하루가 숨이 막혀 왔다. 돈이 부족해서 애가 끓었고 매일 걱정 속에 살다 보니 뜨거운 가마솥 속의 쥐처럼 미치고 팔짝 뛸 노릇이었다.

걱정으로 삶이 무기력해지자 돈에 대한 태도를 바꾸기로 했다. 이노우에 히로유키의 《배움을 돈으로 바꾸는 기술》에서는 대출에 대해 이렇게 정의한다.

"대출에도 포지티브한 대출과 네거티브한 대출이 있다. 자신을 향상시키기 위해 사용하는 돈이나 사업 확장, 발전을 위해 사용하는 자금은 장래를 실현시키기 위한 진취적인 대출로서 포지티브한 대출이다."

나에게는 한의사라는 꿈을 실현하기 위해 포지티브한 대출이 필요했다. 더 이상 빚에 대해 전전긍긍하지 않기로 했다. 빚을 안지려고 발을 동동 구르기보다는 빚을 내서라도 공부하기로 마음먹었다. 어떻게든 한의대를 졸업해야 한의사가 되고 돈도 벌 수 있었다. 그렇다면 지금은 빚을 내서 공부하는 것이 옳은 길이었다.

또한 대학교→대학원→직장→다시 대학교를 다니면서 직장을 제외하고는 계속 돈이 투입되기만 하고 산출하지 못하는 상황이 계속됐다. 그러다 보니 배움은 늘어났지만 자금 압박에 시달리는 경우가 많았다. 그래서 그동안의 지식과 경험을 이용해 '배움을 돈으로 바꾸는 삶'을 살아 보는 것을 꿈꾸었다. 그리고 마침내 그 꿈을 실현했다.

영국의 시인인 조지 허버트는 "돈이 있으면 걱정되고, 돈이 없으면 슬퍼진다."라고 말했다. 한마디로 돈은 있어도 걱정, 없어도 걱정이다. 돈이 많으면 재산을 지키면서도 더 많은 부를 이루기 위해 걱정하고, 돈이 없으면 하고 싶은 일을 할 수 없어서 걱정한다.

그러나 돈이 없다는 것이 결코 슬픈 일만은 아니다. 돈이 없을 때 진정한 친구를 구별할 수 있었고, 돈을 아껴 쓰는 법을 배웠으며, 현명한 빚을 지는 법을 깨닫게 되었다. 또한 돈이 없었기에 돈을 대하는 나의 태도를 되돌아볼 수 있었다. 돈이 없는 데는 그만한 이유가 있었다. 돈을 관리하는 능력이 부족했고, 돈을 소중히 대하지 못했으며, 돈에 대한 의식이 부족했다. 돈이 없으면 무조건 전전긍긍하고 걱정만 했었다. 그것이 얼마나 어리석은 일인지 나중에서야 알았다. 그래서 걱정을 내려놓고 의식을 넓혀서 나의 지식과 경험을 이용해 돈을 벌 수 있는 방법을 알게 되었다. 이 모든 것들이 '한의대를 포기하려 했던 550만 원'이 깨닫게 해 준 값진 선물이었다.

절박함은 불가능도
가능하게 만든다

필사적으로 살든지,
필사적으로 죽든지 둘 중 하나다.
– 영화 〈쇼생크 탈출〉 중에서

"知之者不如好之者, 好之者不如樂之者."

(지지자불여호지자, 호지자불여락지자)

《논어》에 나오는 말이다. '어떤 일에 대해 아는 사람은 그것을 좋아하는 사람만 못하고, 좋아하는 사람은 즐기는 사람만 못하다' 라는 뜻이다. 그러나 즐기는 사람보다 더 잘 해내는 사람이 있다. 그것은 바로 절박한 사람이다. 급박한 상황에 맞닥뜨려서 돌파해 내야 할 절실한 이유를 가진 사람에게는 아무도 당해낼 수가 없는 것이다.

한의대에 다닐 때, 화상으로 과외 수업을 진행한 적이 있었다. 직접 마주보고 하는 것이 아닌 만큼, 정해진 시간에 컴퓨터를 켜고 프로그램을 연결해야 했다. 어느 토요일, 약속 시간보다 30분이 지났는데도 컴퓨터 화면에 학생의 모습이 보이지 않았다. 집으로 전화해 보니 아직 꿈나라를 여행 중이었다. 잠에서 깨어 인터넷에 접속하기까지 다시 30분이 흘렀다. 그다음 주 월요일에 나도 시험이 있어서 빨리 시험공부를 해야 하는 상황이었다. 한 시간을 기다려서 학생을 가르치고 바로 시험공부에 돌입했다.

과외 학생의 학년이 올라가면서 체력이 조금씩 고갈되자 정해진 시간에 인터넷에서 만나기가 쉽지 않았다. 전화를 걸어 학생을 깨우고, 기다려 주기를 반복했다. 마음속에서는 조바심이 났다. 학생을 기다리는 데 1시간에서 1시간 30분, 수업하는 데 다시 1시간 30분이 소요됐다. 학생이 컨디션이 안 좋다며 다음에 수업하자고 미루거나 중간·기말고사 기간에 수업을 못 하면 방학 때 빠짐없이 모두 보충해 주었다.

"선생님, 이번 방학 때는 집에 오셔서 수업해 주세요."

화상 과외를 시작할 당시 학생 부모님께 약속드린 것이 있었다. 방학 때 한 번은 직접 얼굴을 보면서 수업을 하겠다고 한 것이다.

약속을 지키기 위해 그해 겨울 방학은 과외에 시간을 쏟아부었다. 방학 두 달 동안 정규 수업만 16번, 중간·기말고사 보느라 빠진 것 8번, 학생이 미룬 것 4번, 총 28번을 학생 집으로 찾아갔다. 방학 두 달 중 한 달은 매일 과외 학생을 본 셈이었다. 1시간 20분 동안 버스를 타고, 도착해서 1시간 30분 동안 수업하고, 다시 1시간 20분 동안 버스를 타고 되돌아왔다. 오전에 출발하면 오후에 돌아오고, 오후에 출발하면 깜깜한 밤이 되어서야 돌아왔다.

사계절 중 내가 제일 싫어하는 계절은 겨울이다. 코끝을 때리는 매서운 바람과 꽁꽁 싸매도 어디선가 파고드는 냉기가 너무나도 싫기 때문이다. 가장 싫어하는 겨울에, 추위를 뚫고 두 달에 걸쳐 이틀에 한 번 꼴로 과외하러 갈 수 있었던 것은 절박함과 책임감 때문이었다. 생계수단으로서의 이 과외를 끝까지 유지하고, 화상으로 수업해도 품질이 전혀 떨어지는 것이 아님을 입증해 보이고 싶었기 때문이다. 또한 나를 믿고 학생을 맡겨 준 부모님의 선택이 탁월했음을 증명하고 싶어서였다. 그해 겨울을 떠올리면 추위에 떨며 버스 정류장에서 버스를 기다리던 기억이 먼저 떠오른다. 그러나 다른 한편으로 그해 겨울, 나는 절실한 마음으로 불가능하다고 여겼던 그 많은 과외 횟수를 다 보충하며 결국 살을 에는 추위를 이겨 냈다.

절박함은 환경, 지능, 재능을 뛰어넘게 만드는 힘이 있다. 나는 절박한 마음으로 3년 동안 한 명의 학생에게 내 열정과 지식을 쏟아부었다. 그 과정은 내게 2가지의 새로운 깨달음을 주었다.

첫째, 절박할수록 상대방과의 약속을 지켜야 한다. 사정이 너무 급해서 돈을 빌려 쓰고 안 갚는 사람, 감언이설로 고객을 가입시킨 후 애프터서비스는 나 몰라라 하는 사람 등 약속을 지키지 않는 사람들은 삶이 더 빈곤해지고, 더 절박한 처지에 놓이는 악순환이 반복된다. 위기의 순간에 내 일은 제쳐두고서라도 상대방과의 신의를 지키려고 애쓰는 사람들은 상대방을 감동시키고 그것이 성공의 밑거름이 된다.

3년 간 과외를 하면서 나의 중간·기말고사로 인해서 과외를 미룬 적은 한 번도 없었다. 다만 학생의 시험이나 사정 때문에 미룬 적은 있었다. 미룬 수업들은 모두 체크해 놓고 방학 때 빠짐없이 보충해 주었다. 또한 매일 밤마다 전화해서 그날 암기한 단어들을 체크해 주었다. 1년 반 동안 시험 기간을 제외하고 월요일부터 금요일까지 주 5일에 걸쳐 매일 검사해 주다 보니 단어장 한 권을 세 번 정도 복습시킬 수 있었다.

단어 체크는 학생 부모님과 약속한 사항은 아니었다. 가르치다 보면 많은 학생들이 영어 단어를 외우는 것을 소홀히 해서 결국 고학년에서 영어를 포기하는 것을 목격했었다. 이 때문에 단어를 검사해 주었고 이는 학생의 성적 향상과 목표 대학의 진학으로 이어졌다. 이를 보고 돈을 더 줄 테니 과외를 해 달라는 요청이 많이 들어왔다. 바쁜 수업 탓에 모두 거절하긴 했지만 이는 약속을 지키기 위해 노력했던 나의 땀에 대한 보상이었다.

둘째, 절박할수록 동기 부여가 더욱 필요하다. 절박하다는 것은 위기 상황에 처해 있으며 위기 에너지가 높은 수준에 도달해 있음을 나타낸다. 그만큼 더 불안하다는 것을 의미한다. 이 위기 에너지를 어느 쪽으로 물꼬를 터 주느냐에 따라 결과는 확연히 달라진다. 끊임없이 동기 부여하고 실천 방법을 제시해 주면 이들은 위기 에너지를 원료 삼아 성공 쪽으로 금세 방향을 전환할 수 있다. 그러나 동기 부여도 없고 실천 방법도 모른다면 위기 에너지만 높아진 상태에서 가야 할 방향을 잃고 헤매게 된다.

과외를 받던 학생은 고등학교 3학년에 접어들면서 급격히 불안감을 느끼기 시작했다. 여름방학을 지나고부터는 조금만 시험을 못 봐도 크게 동요했고, 열심히 하고 있음에도 불구하고 자신의 실력을 의심하기 시작했다. 수능이 다가올수록 과외 시간의 대부분을 학생을 안정시키고 동기 부여를 해 주며 '할 수 있다'는 믿음을 심어주는 데 사용했다. 그 결과 학생은 자신이 원하던 목표를 이룰 수 있었다.

절박함은 고난이 왔을 때 배가 된다. 고난은 젊을 때 최대한 많이 겪어 두는 것이 좋다. "고난당하는 것이 네게 유익이라."는 성경 구절처럼 고난을 통해 얻을 수 있는 것이 많기 때문이다. 주위를 둘러보라. 젊은 시절 시련을 겪고 성공하는 경험을 많이 한 사람들에게서는 한결같이 깊이와 여유가 느껴진다. 어려운 문제를 풀고 났을 때 뿌듯함을 느끼듯이 그들은 시련을 이겨 냈을 때 기쁨과 즐거움을 느낀다. 고난을 이겨 내는 경험들이 쌓여서 습관이 되면 시련 앞에서도 벌벌 떨지 않는다. 오히려 정신을 집중하고 이번 시련은 어떻게 돌파해 나갈지에만 초점을 맞춘다.

늦은 나이에 겪은 시련 때문에 정신적인 충격을 받고 건강이 극도로 악화된 환자들을 종종 목격하곤 한다. 그럴 때면 참으로 안타깝다. 조금이라도 더 젊었을 때, 조금이라도 더 건강했을 때 역경을 이겨 내는 근력을 키워 놓았더라면 그렇게까지 망가지지는 않았을 것이기 때문이다. 시련은 슬픔을 가장한 축복이다. 그러므로 기쁜 마음으로 기꺼이 시련을 받아들여야 한다.

절박함으로 일에 임하는 사람에게 두려움이란 없다. '내가 이기는지 시련이 이기는지 겨뤄 보자'며 죽을 각오로 달려드는 사람을 막아낼 수 있는 장애물은 없다. 절박한 사람들은 장애물의 높이와 두께가 어떻든 훌쩍 뛰어넘을 수 있기 때문이다. 불가능을 가능으로 바꾸는 힘, 그것은 바로 절박함이다.

· PART 4 ·

서른 이후의 삶은
달라야 한다

절망 속에서도
희망의 화살을 쏘아 올려라

보잘것없는 재산보다 훌륭한 희망을 가지는 것이 훨씬 소망스럽다.
재산을 너무 욕심내지 말자. 재산보다는 희망을 욕심내자.
어떠한 일이 있어도 희망을 포기하지 말자.

– 미겔 데 세르반테스

요즘 많은 사람들이 한국 사회를 '헬조선'이라 일컫는다. 희망이 없는 지옥 같은 곳이란 뜻이다. 세계 4위에 이르는 자살률, 매년 높아지는 청년 실업률과 존속 살인, 점점 확산되는 성범죄 등 한국을 지옥처럼 느끼게 만드는 사건들이 나날이 증가하고 있다. 그러나 중요한 것은 이런 사회에서 내가 어떻게 행동하는가다. 사회는 한순간에 변하기 어렵다. 변화되지 않는 사회를 욕하며 돌던지기보다는 나를 변화시켜서 희망을 만들어 내는 것이 더 현명하다. 모두들 망할 한국이라고 외치며 절망에 몸부림칠 때 누군가는 그 속에서 기회를 포착하고 성공에 도달한다. 그것은 바로 가슴속에 품고 있는 희망의 차이에서 비롯된다.

한의대에 합격한 후 편입생 모임이 있었다. 당시 나는 6년의 학제 중 예과 2학년에 속했다. 한의대 편입생들은 대부분 나이가 많다. 동급생들과 띠동갑 혹은 강산이 두세 번 이상 바뀔 정도로 나이 차이가 나기도 한다. 늦은 나이에 고된 수험 생활을 거친 편입생들은 합격 후 더욱 불안감을 느낀다. 졸업하기까지 기나긴 시간을 어떻게 보내야 할지 모르기 때문이다. 그래서 편입생 모임을 통해 합격자들은 선배들로부터 조언을 얻고, 선배들은 두려워하는 후배들을 다독이며 격려해 준다.

참석자들은 동기 몇 명을 제외하고는 모두 선배들이었다. 1년 차이가 크게 느껴졌다. 예과 2학년으로서 본과 1학년생을 보고 있으면 나보다 3년은 앞서간 듯했고, 마지막 학년인 본과 4학년생을 보고 있으면 그 자체만으로도 감탄스러웠다. 고기를 구워 먹으며 분위기가 무르익을 무렵, 옆에 앉아 있던 선배가 질문을 던졌다.

"요즘 문 닫는 한의원도 많고 개원하기도 쉽지 않아요. 한의계가 꽤 어려운 상황인데 성희 씨는 이런 한의계가 두렵지 않아요?"

"저는 한의계의 암울한 현실이 두려운 게 아니라 실력이 없는 게 두려워요."

일초의 망설임도 없이 대답하자 선배의 두 눈이 동그래졌다. 하지만 그것은 나의 진심이었다.

세상에는 두 부류의 사람이 있다. 세상을 긍정적으로 바라보는 사람과 부정적으로 바라보는 사람이다. 긍정적으로 바라보는 사람은 모든 곳에 기회가 숨어 있다고 생각한다. 실패 속에도 기회가 숨어 있고, 위기 속에도 기회가 숨어 있다고 여긴다. 그들은 기존의 통념과 반대로 생각하고 행동한다. 당연한 것처럼 보이거나 누구나 똑같이 인식하는 현실도 거꾸로 뒤집어 볼 줄 알고 대범하게 자신이 가고 싶은 길을 간다. 반면 세상을 부정적으로 바라보는 사람은 미래는 회색빛이며 기회가 없다고 단정 짓는다. 사회가 깨끗해서 누구에게나 공평한 기회를 준다면 자신도 얼마든지 성공할 수 있을 거라며 불만을 토로한다. 남들이 생각하는 대로 생각하고, 남들이 행동하는 대로 행동할 뿐이다. 성공하지 못한 이유는 남 때문, 사회 때문이다. 부정적인 사람은 기회가 와도 변명만 하느라 성공하지 못한다.

한의대 합격이라는 목표에 도달하고 나자 용기가 생겼다. 비록 지금은 수중에 돈 한 푼 없었지만 5년 후 당당히 졸업할 모습을 상상하며 희망을 품었다. 졸업 후에는 한의원을 열어서 환자들을 정성스럽게 치료하고 잘 해낼 수 있을 거라고 믿었다.

또한 한의계가 어렵다면 나를 포함한 모두에게 똑같이 어려운 법이다. 그러나 나는 치료율을 높이면 환자는 저절로 찾아올 거라고 확신했다. 아파 본 사람들은 안다. 병명도 모르고 원인도 모르는 병에 걸려 고통에 몸부림치는 사람들은 자기를 치료해 줄 사람이 있기만 하면 그게 땅 끝이든 지구 끝이든 기꺼이 찾아갈 준비가 되어 있다. 이는 건강이 악화되어 이곳저곳 많이 아팠던 탓에 방방곡곡 여러 한의사 선생님들을 직접 찾아뵙고 치료받았던 나의 경험을 통해서도 잘 알 수 있다. 절망의 시간을 견디면서 얻은 좋은 습관이 있다. 그것은 바로 어떤 상황에서도 희망의 화살을 쏘아 올리는 법을 배운 것이다.

학기 초에는 한의학 서적을 판매하는 출판사들이 전국의 한의대를 돌며 책 전시회를 연다. 한의학 서적들을 진열해 놓고 학생들에게 충분히 볼 수 있는 기회를 제공한다. 학생들은 저자와 내용을 살펴보고 이때를 이용해 책을 구입한다.

전시된 책들을 훑어보고 있는데 나이 어린 동기가 물었다.

"누나, 책 또 사시는 거예요?"

"응, 그럼. 당연히 사야지."

많은 사람들이 책을 처음부터 끝까지 읽어야 본전을 뽑는다고 생각한다. 그러나 책을 읽으면서 한 가지라도 얻는 점이 있다면 책은 이미 충분히 값어치를 한 셈이다. 글을 쓰다가 막혔을 때 문득 꺼내 본 책이 해결의 실마리를 제공해 주기도 한다. 이럴 때는 책 한 권의 가격이 아깝지 않다. 환자를 치료하다가 책을 보며 치료의 실마리를 얻게 되면 10만 원이 전혀 아깝지 않다. 책을 통해 희망을 얻고 동기 부여가 되고, 인생이 달라질 수 있다. 또한 한의학 전문서적을 통해 치료율을 높일 수 있다는 점을 생각하면 반드시 책에 투자해야 했다.

과외비가 입금되면 수중에 남아 있는 돈이 별로 없었다. 한정된 돈에서 1순위는 십일조와 헌금이었고, 그다음은 책값이었다. 책값이 비싸 가끔 감당하기 힘든 적도 있었지만 미래를 위해서는 당연히 투자해야 할 일이었다. 책을 구입할 때는 카드 할부 개월 수를 늘리고, 출판사 사장님에게 부탁해서 나누어 갚았다. 어떻게든 다른 지출을 줄여서 한 달 한 달 헤쳐 나갔다. 이 책들을 통해 미래에 환자들을 치료할 생각을 하면 가슴이 설레었다. 그래서 최대한 절약하고 미래를 위해서 아낌없이 투자했다.

"세상은 고통으로 가득 차 있지만 그것을 이겨 내는 일로도 가득 차 있다."

볼 수도 들을 수도 없었던 헬렌 켈러가 고통의 문턱을 뛰어넘을 수 있었던 것은 희망의 끈을 부여잡고 앞으로 나아갔기 때문이다. 희망과 절망은 저울의 양 끝에서 서로를 저울질한다. 희망의 무게가 무거워지면 절망은 가벼워져서 쉽게 들려 올라간다. 희망의 크기가 작아지는 순간 절망은 그 틈새를 비집고 들어온다. 그러므로 절망이 비집고 올라올 때면 얼른 희망의 문을 바라봐야 한다. 그래야 당당한 삶을 살 수 있다.

미래를 염려하는 사람은 불행하다. "내일 일을 위해 염려하지 말라. 내일 일은 내일 염려할 것이요, 한낱 괴로움은 그날에 족한 것이라."라는 성경 말씀처럼 염려의 시간을 줄여야 한다. 과거보다는 오늘에, 오늘보다는 내일에 초점을 맞추고 살아가는 것이 현명한 삶이다. 미래가 절망적일지, 희망적일지는 오로지 내 마음에 달려 있다.

절망은 쓸데없는 염려와 생각을 먹고 자란다. 절망에서 벗어나기 위해서는 1%의 '행동'이 필요하다. 염려와 괴로움 속에서 허우적거리기를 멈추고 희망의 끈을 단단히 붙잡고 나아가는 것이다. 절망을 당당히 이겨 낸 사람은 또 다른 누군가에게 밝은 등대가 되고 삶의 희망을 선사할 수 있다. 사방이 벽에 둘러싸여 절망적으로 느껴질수록 더욱 희망적으로 생각해야 한다. 99%의 절망의 문을 여는 대신 1%의 희망의 문을 두드려 보자.

열심히 사는 것만이
답은 아니다

인생에는 서두르는 것 말고도 더 많은 것이 있다.
– 마하트마 간디

한 여인이 있었다. 중국 상하이에서 대학교를 졸업하고 환경 경제를 공부하겠다는 꿈을 가지고 노르웨이로 유학을 떠난 그녀는 노르웨이 숲에 강한 매력을 느꼈다. '숲에 미래가 있다'는 원대한 포부를 가지고 돌아와 서른 살에 상하이 푸단 대학교의 교수가 되었다. 슬하에 아들도 두고, 정부에 제안한 프로젝트들이 승인을 받으며 승승장구하던 찰나에 그녀는 갑자기 허리에 찌르는 듯한 통증을 느낀다. 검사 결과 골수종양 판정을 받은 그녀는 온몸이 점점 암세포에 잠식당하며 극심한 통증에 시달리게 된다. 그녀는 삶의 끈을 놓지 않으려고 애썼지만, 결국 1년 반 후 생명의 불이 꺼져 버리고 말았다.

《오늘 내가 살아갈 이유》의 저자 위지안의 이야기다. 위지안의 삶은 한마디로 열정 그 자체였다. 그러나 그녀는 책에서 "나는 그동안 불투명한 미래의 행복을 위해 수많은 '오늘'을 희생하며 살았다. 저당 잡혔던 그 무수한 '오늘'들은 영원히 돌이킬 수 없다."라고 고백했다.

성공에 집착하는 사람들은 속도계 없는 자동차처럼 열심히 앞만 보고 달린다. 하나의 성공에 도달하면 또 다른 성공을 꿈꾸며 계속 달리기만 한다. 그러던 어느 날 전혀 예상치 못했던 병을 발견하면 그때서야 비로소 속도를 줄이고 뒤를 돌아보기 시작한다. 삶은 속도가 아닌 방향이다. 그러므로 열심히 속도를 내기 전에 올바른 방향을 설정해야 한다.

먼저 다음의 3가지에 대해 고민해 보자.

첫째, '왜 사는가'에 대해 분명히 알아야 한다. 〈중앙일보〉 2011년 12월 17일 자에 의하면, 삼성 그룹의 창업자 고(故) 이병철 회장은 죽음을 한 달 앞두고 인생에서 풀리지 않는 의문점 24가지를 질문했는데, 그중 일부를 소개하면 다음과 같다.

"신은 우주만물의 창조주라는데 무엇을 증명할 수 있는가?", "생물학자들은 인간도 오랜 진화과정의 산물이라고 하는데, 신의 인간창조와 어떻게 다른가? 인간이나 생물도 진화의 산물 아닌가?", "신이 인간을 사랑했다면 왜 고통과 불행과 죽음을 주었는가?", "성경은 어떻게 만들어졌는가? 그것이 하나님의 말씀이라는 것을 어떻게 증명할 수 있나?"

이병철 회장은 삼성을 건립하고 성장시킴으로써 막대한 부를 쌓았다. 또한 그는 우리나라 기업인들의 모범이 되어 명예도 가졌다. 부와 명예를 다 가진 그가 죽음 앞에서 왜 갑자기 신의 존재를 생각하게 된 것일까?

몇 년 전 가수 박진영 씨는 SBS 〈힐링캠프〉에 출연해 이렇게 말했다.

"연세대에 입학한 후, 돈을 벌고 싶어서 3년 만에 20억 원을 벌었습니다. 명예를 얻고, 자선 활동도 했지만 마음속에 채워지지 않는 허전함이 있었습니다. 100조 개의 세포로 이루어진 인간은 과연 누가 만들었는지 궁금합니다. 만든 분이 있다면 인간사용설명서를 받아보고 싶습니다."

모든 인간이 100% 겪어야 하는 것이 있다. 바로 죽음이다. 단순히 70~80년 살다가 죽기 위한 것이 인생이라면 너무 허무하지 않을까? 이병철 회장과 박진영 씨의 말처럼 인간은 누가 만들었고, 왜 만들었는지, 인간은 어떻게 살아야 하는지에 대한 이유를 알아야 한다. 그래야 인생이 허무하지 않고 죽음 앞에서 발버둥 치지 않을 수 있다.

둘째, '무엇을 할 것인가'에 대해 답할 수 있어야 한다. 이는 꿈 과 비전에 해당한다. 어느 날 후배가 내게 꿈을 이루는 방법에 대 해 물었다. "치열하게 꿈을 꾸고 행동하면 되지."라고 말하려는 순 간 후배가 먼저 "꿈을 너무 크게 가진 탓인지 내 꿈은 내가 보기 에도 황당해요."라고 하는 것이 아닌가. 황당해서 다른 사람에게 말하면 비웃음을 살 것 같고, 스스로 생각하기에도 너무 큰 꿈인 것 같아 성공 가능성이 없어 보여서 포기했다는 말도 덧붙였다.

꿈은 원대할수록 좋다. 비록 100% 다 이루지 못하고 근처에 가기만 해도 꿈은 성공한 것이다. 만일 꿈을 비웃는 사람이 있다 면 멀리하는 것이 좋다. 그들은 자신의 꿈도 이루지 못하면서 남 의 꿈마저 훼방 놓는 꿈 훼방꾼들이기 때문이다.

"새우잠을 자더라도 고래 꿈을 꾸어라."라는 말이 있다. 비록 현실은 힘들더라도 꿈은 크게 가지라는 뜻이다. 그런데 노력하고 있는데도 왜 꿈이 빨리 이루어지지 않는지 조바심을 내고, 회의감 에 사로잡혀 결국 꿈을 포기하는 사람들이 있다. 나를 단련하기 위해, 나의 꿈이 간절해지기 위해 때로는 시간이 걸리기도 한다.

스티브 잡스가 애플 컴퓨터를 세운 것은 1976년이었고, 터치

스크린과 모바일 인터넷, 휴대 전화 기능을 담은 아이폰을 시장에 처음으로 선보인 것은 2007년이었다. '세상을 변화시킬 컴퓨터를 만든다'라는 그의 꿈이 실현되기까지 30년이 넘는 시간이 필요했던 것이다.

독일의 시인 에셴바흐는 "그대의 꿈이 한 번도 실현되지 않았다고 해서 스스로 안타깝고 서글프게 생각해서는 안 된다. 정말 안타깝고 서글픈 것은 한 번도 꿈을 꾸어 보지 않았던 사람들이다."라고 말했다. 진정 꿈을 이루고 싶다면 조금만 더 인내하며 기다리자. 인류에 도움을 주는 원대한 꿈을 꾸는 그 순간부터 꿈은 이루어질 준비를 하고 있다.

셋째, '어떻게 할 것인가'를 계획해야 한다. 기업은 비전을 실행하기 위해 전략과 전술을 세운다. 개인은 꿈을 이루기 위해 어떠한 일 혹은 직업을 가질 것인가를 진지하게 고민해야 한다. 꿈과 일은 다르다. 꿈이 고차원적, 상위의 것이라면 일은 꿈을 달성하기 위한 수단이다. 10억 원을 버는 것은 꿈이 아니다. 단지 목표일 뿐이다. 일과 직업은 목표에 해당한다.

꿈이란 무엇에 초점을 맞추고 살아가야 할지 방향을 설정하는 것이다. 꿈이 중요한 만큼 직업도 중요하다. 꿈을 이루기 위해서는 직업을 통해 생계를 책임지고 삶의 대부분을 채워가야 하기 때문이다. 단순히 직장에 들어가 일하는 것만으로는 부족하다. 무엇을 좋아하고 무엇에 흥미를 느끼는지 평소에 염두에 두고 직업을 선택해야 한다. 단지 많은 돈을 벌 수 있다는 기대감에 젖어 내성적인 사람이 영업직을 택한다면 머지않아 일을 그만둘 확률이 높다. 철강왕 앤드류 카네기는 "내가 알고 있는 최대의 비극은 많은 젊은 사람들이 자기가 진정으로 하고 싶은 일이 무엇인가를 알지 못하고 있다는 것이다. 단지 급료에 얽매여 일하고 있는 사람처럼 불쌍한 인간은 없다."라고 말했다.

인생은 경주가 아니다. 이를 악물고 늘 성공을 꿈꾸며 앞사람을 제치려고 동분서주하는 사람은 승리자가 아니라 패배자다. 성공이 무너졌을 때 자신에게 무엇이 남을지 곰곰이 생각해 보라. 늦더라도 올바른 방향으로 자기만의 속도로 가는 것이 성공이다.

인생을 살아가야 할 이유를 알고, 꿈을 꾸고, 좋아하는 일을 하는 사람은 행복하다. 이런 사람은 역경이 닥쳐오면 잠시 넘어질 수는 있어도 오뚝이처럼 금세 다시 일어난다. 회복탄력성이 높아 7전 8기의 정신으로 툭툭 털어버리고 또 도전에 응한다. 오늘 하루 빡빡한 일정 속에서 할 일을 다 했다는 것으로 위안을 삼아서는 안 된다. 조용히 자신만의 시간을 갖고 위의 3가지에 대해 고민해 보자. 열심히 사는 것만이 답은 아니다. 삶은 속도가 아닌 방향이기 때문이다.

서른에 꼭 갖춰야 할 3가지

> 조금도 위험을 감수하지 않는 것이
> 인생에서 가장 위험한 일일 것이라 믿는다.
>
> – 오프라 윈프리

바쁜 생활 속에서 사람들은 생각하기를 멈추고 과거의 속도로 달리고만 있다. 대학교 1학년 때부터 취업을 위해 각종 자격증 취득에 매달리며 가까스로 취직에 성공한다. 20대 중반에 힘들게 들어간 직장에서는 또 어떠한가? 입사 1년 차에는 잘해 보겠다는 각오로 정신을 바짝 차리고 긴장한다. 2년 차에는 일이 점차 손에 익으면서 입사 때의 각오는 사라진다. 3년 차가 되면 많은 업무들이 익숙해지면서 여유가 생기는 동시에 이직을 가장 많이 고려하는 시기이기도 하다. 이때가 거의 서른에 가까운 나이다.

서른이라는 나이는 자기 점검을 해야 할 시기다. 자의 반 타의

반 숨 가쁘게 달린 후라면 달음박질을 멈추고 뒤를 돌아봐야 한
다. 서른에 점검을 건너뛰고 앞으로 돌진하기만 하면 뒤돌아볼 시
기는 점차 늦어진다. 삶의 도약을 이루고 변혁을 이루기 위해서는
잠시나마 뒤돌아보며 숨을 고르고 힘을 응축시켜야 한다. 그래야
만 비로소 용수철처럼 튀어오를 수 있다.

서른에 꼭 갖추어야 할 3가지가 있다. 이 3가지를 갖추고 있다
면 언제든 달려 나가도 좋다. 그렇지 않다면 잠시 멈추고 부족한
무기를 보충한 후 삼십 대 이후의 삶을 보내야 한다.

첫째, 지속적으로 자기계발을 해야 한다. 직장은 더 이상 정년
을 보장하지 않는다. 뼈가 휘도록 열심히 일했는데 어떻게 나에게
그럴 수 있느냐며 따지고도 싶을 것이다. 그러나 기업도 이익을 내
야 하는 조직인 만큼 회사가 어려워지면 직원을 감축하는 것은
당연하다. 기업에 도움이 되지 않는 직원은 언제든 직장을 떠날
수밖에 없다. 냉혹한 현실 앞에서 지속적으로 능력을 업그레이드
하기 위해 자기계발은 필수다.

"삼십 대를 열심히 뛰어온 덕분에 승진도 하고 원하는 자리에
왔습니다. 그런데 사십 대 문턱에 들어선 지금 제 미래의 모습이
머릿속에 그려지지 않아요. 열심히 하면 자연히 미래가 그려질 줄
알았는데 정말 답답하네요."

직장 1~2년 차에 비슷한 고민을 하던 공병호 씨는 직장뿐만 아니라 은퇴한 후에도 쓸모 있는 사람이 되기 위해 '평생 공부하는' 일을 선택했다. 그는 현재 〈공병호 경영연구소〉를 운영하며 강연, 저술, 방송활동, 경영 자문 등 폭넓은 활동을 펼치고 있다.

삼십 대의 자기계발은 이십 대와는 분명히 달라야 한다. 성적과 등수, 서열에 연연하는 공부를 해서는 희망이 없다. 승진하기위한 목적으로 어학점수와 자격증을 획득하고, 경영 세미나에 참가하는 공부는 장기적으로 도움이 되지 않는다.

삼십 대에는 목표를 분명히 설정하고 목표와 관련된 배움을 지속해야 한다. 직장을 나와서 창업을 하기로 결심했다면 창업과 관련된 책들을 섭렵하고, 세미나를 듣거나 창업가들과의 교류를 가지면서 장단점, 개선할 점 등을 생각해 보는 것이 필요하다.

삼십 대에는 은퇴 이후의 삶까지 고려해야 한다. 좋아하고 관심 있는 분야를 찾아서 지속적으로 배워야 한다. 지속적으로 업그레이드하는 사람은 직장에서도 계속 필요로 하므로 언제 잘릴지 걱정하지 않아도 된다. 은퇴 이후에도 걱정할 필요가 없다. 그동안 쌓인 노하우와 경험을 바탕으로 사회에서도 필요한 사람이되어 있을 것이기 때문이다.

둘째, 거침없이 도전해야 한다. 이십 대는 열정이 앞서고, 삼십대는 이성이 앞서는 시기다. 이성이란 이치에 따라 사리를 분별하는 성품으로, 나이가 들수록 점점 발달한다. 열정보다 이성이 앞서면 도전을 가로막아 버린다. 이성이 작용하는 순간 현실에 눈을 뜨고, 실패에 대한 염려가 커지기 때문이다.

일본 혼다 기업에는 '혼다이즘'이라는 독창적인 기업문화가 존재한다. 바로 '올해의 실패왕'이라는 제도다. 연구원 중에서 가장 큰 실패를 한 직원을 선발해 상금 100만 엔을 주는 포상제도로, 실패를 두려워하지 말고 마음껏 도전할 것을 격려하는 것이다.

많은 사람들이 실패를 두려워한다. 실패를 하면 주위 사람들의 비웃음을 사게 되고 누군가를 실망시키기 때문이다. 하지만 실패 없는 성공이란 있을 수 없다. 실패가 있기에 성공이 있는 것이다. 실패를 두려워하지 않을 때 진정으로 도전할 수 있다.

또한 거침없이 도전하기 위해서는 '나는 최고다'라는 자신감으로 새로운 일에 도전하는 정신이 필요하다. 나 혼자 잘났다고 생각하는 교만함에서 나오는 자신감이 아니다. 매일 공부해서 지식과 능력을 향상시키고 창의적 발상을 하는 데서 나오는 진정한 자신감이다.

삼십 대에 접어들면서 '이건 안 될 거야', '이 일을 하기에는 위험이 너무 커'라는 이성이 크게 작용한다면 열정이라는 카드를 다시 꺼내 들어야 한다. 냉정과 열정 사이에서 열정의 추가 항상 내려가 있어야 한다. 그럴 때 비로소 거침없는 도전이 가능하다.

셋째, 나에 대한 확신이 있어야 한다. 이것은 '나는 사랑받을 만한 귀중한 존재이고 목표를 이루어 낼 능력이 있는 사람이라고 믿는 마음', 즉 자존감이 있다는 말과 같다.

자존감이 없는 사람은 자신을 소중히 여기지 못하고, 자신에게는 성과를 이룰 능력이 없다고 믿는다. 조그만 실수에도 스스로를 비하하며 끝내는 낙담에 빠진다. 반면 자존감이 높은 사람은 주관과 확신을 갖고 결단을 내린다. 일단 결론을 내리면 눈치 보지 않고 당당히 의견을 피력하며 재빠르게 실행에 옮긴다.

자존감이 있어야 능력을 최대한 발휘할 수 있다. '내가 과연 해 낼 수 있을까?'라는 의구심을 갖는 사람과 '나는 반드시 해낸다'라는 확신을 가진 사람의 결과는 다를 수밖에 없다. 6·25 전쟁 당시 인천 상륙작전의 성공률은 1퍼센트에 불과했다. 그러나 맥아더 장군의 생각은 달랐다. "우리는 인천에 상륙해 있을 것이며 적을 분쇄할 것이다."라고 확신했고, 결국 1퍼센트의 가능성을 뚫고 작전을 성공시켰다.

만약 자존감이 부족하다면 자존감을 높이는 법을 연습해야 한다. 긍정적인 모습을 떠올리면서 지속적인 자기암시를 하는 것이 좋다. 성공 경험이 하나둘씩 쌓이면 자신을 능력 있는 존재로 인식하기 시작한다. 그러므로 작은 것부터 성취해 내는 습관을 길러야 한다.

많은 사람들이 "나도 배경만 좋았다면 성공할 수 있었을 텐데."라며 불행의 책임을 회피한다. 이는 내면의 거인을 깨우지 못하고 스스로에 대한 확신이 없어서 벌어진 일이다. 사람은 자신이 생각한 모습대로 살아간다. 자신을 사랑하고 소중하게 생각한다면 분명 그에 맞는 밝은 인생을 살게 된다. 반대로 자신을 하찮게 생각한다면 남들에게조차 무시당하며 살게 된다. 자기 자신을 아끼고 사랑할 때 자신감이 생기고 내면의 거인도 깨어날 수 있다.

시간은 누구에게나 공평하다. 이십 대가 지나가면 삼십 대는 정확한 시계처럼 어느새 눈앞에 다가와 있다. 삼십 대는 남은 인생을 준비해야 하는 중요한 시기다. 이십 대부터 열심히 노력해서 이룬 성과가 많다 해도 한번쯤은 멈추고 숨 고르기에 들어가야 한다. 좋아하는 일을 계속 해 나가기 위해 지속적으로 배우고 있는지, 거침없이 도전할 용기를 여전히 갖고 있는지 점검하자. 설령 삼십 대가 되어서도 여전히 성과가 없고 혼자만 낙오된 것처럼 여겨진다 해도 아직 낙담할 필요는 없다. 내면의 잠재력을 확인하고 자신감을 회복해 도전의 기회로 삼으면 된다. 서른에는 당신도 이 3가지를 꼭 가져 보길 염원한다.

역산 스케줄링으로
인생을 디자인하라

99퍼센트의 사람들은 현재를 보면서 미래가 어떻게 될지를 예측하고,
1퍼센트의 사람만이 미래를 내다보며 지금 어떻게 행동해야 할지 생각한다.
당연히 후자에 속하는 1퍼센트의 사람만이 성공한다.

— 간다 마사노리

투자의 귀재라 불리는 워런 버핏이 자신의 조종사인 플린트에게 물었다.

"자네가 중요하다고 생각하는 목표 25가지를 적어 보게나."

플린트가 다 적고 나자 버핏이 말했다.

"그중 가장 중요한 것 5가지만 선택해 보게."

선택을 마친 플린트가 물었다.

"이제 5가지에 집중하고 나머지 20가지는 틈날 때마다 노력하면 되는 거지요?"

그러나 버핏은 단호히 말했다.

"성공이란 5가지에만 집중하고 나머지는 절대 관심을 기울이지 않는 것이라네."

인생을 살아가는 방법에는 3가지가 있다.

첫 번째는 무계획이다. '가다 보면 언젠가는 목적지에 도달하겠지'라는 생각으로 목표 없이 살아가는 것이다. 어제도, 오늘도, 내일도 열심히 사는 것 같지만 매일 제자리걸음일 뿐이다.

두 번째는 단기 계획을 세우며 살아가는 것이다. 아침부터 저녁까지 빈틈없이 계획을 세우고, 오늘 일정을 모두 이룬 것에 대해 뿌듯해한다. 그러나 빡빡한 일정 탓에 심신이 쉽게 지쳐 버리고 만다.

세 번째는 인생의 큰 그림을 그린 후 장기 계획과 단기 계획을 적절히 세우고, 선택과 집중을 통해 목표를 이루며 살아가는 것이다. 30년, 20년, 10년, 5년, 1년으로 나누어 계획을 세운다. 오늘 일정은 큰 그림을 실천하기 위한 중요사항들로 이루어져 있다. 잠시의 시간을 들이더라도 모든 일들이 장기 계획을 실현하기 위한 의미 있는 일들로 짜여 있다. 최종 목표를 정해 놓고 해야 할 일들을 역산해서 실행하는 것, 이것이 바로 '역산 스케줄링'이다.

역산 스케줄링을 시행하면 목표가 흐트러지지 않는다. 고시를 준비하는 학생이 전체적인 계획을 짜지 않고 무조건 오늘 하루만 열심히 하는 공부는 의미가 없다. 총 과목 수와 공부할 페이지 수, 중점 단원 등을 체크하고 전체 기간 내에서 적절히 시간을 배분해야 한다. 또한 언제부터 복습에 들어가서 몇 번을 복습할 것인지 계획해야 한다.

역산 스케줄링을 시행하면 급한 일보다 중요한 일에 우선순위를 두고 일할 수 있다. 현재에 초점을 맞추면 오늘 급하게 해야 할 일을 먼저 하게 된다. 그러나 미래에 초점을 맞추면 목표 달성을 위한 중요한 일을 먼저 처리할 수 있다. 그러면 에너지를 아끼고 스트레스를 덜 받게 된다.

한번은 한의대생 모임에서 졸업 후 진로에 대해서 서로 이야기를 나눈 적이 있었다. 졸업을 코앞에 둔 본과 4학년생이 이렇게 말했다.

"졸업하면 한방병원에 들어가서 인턴을 하고 싶어요. 인턴이 끝나면 레지던트를 하겠지요. 레지던트가 끝나면 글쎄요…. 그다음은 아직 생각해 본 적이 없어요. 그래도 하루하루 열심히 살다 보면 뭔가 방법이 나오지 않을까요?"

그러자 옆에 있던 본과 1학년생이 확신에 찬 어조로 자신의 미래 계획을 말해 주었다.

"저는 어릴 때부터 해외 봉사에 관심이 많았어요. 가난 때문에 굶주림으로 죽어 가고, 병에 걸려도 돈이 없어서 의료 혜택도 못받고 죽어 가는 아이들을 보면 참 안타까웠어요. 그래서 그 아이들을 고쳐 주고 싶은 마음에 한의대에 들어왔어요. 저는 20년 후에는 세계 기구에서 일하려고 해요. 그전에 10년 동안은 세계 각지를 돌아다니며 해외봉사를 할 거고요. 이런 경험들을 풀어서 책을 쓰고 싶어요. 책을 통해 관심을 이끌어 내고, 가난한 아이들을 도와주기 위한 후원금을 마련하고 싶어요. 그러려면 2년 동안은 대학원에 들어가서 소아들을 위한 한의학을 좀 더 심도 있게 공부해야겠죠. 남은 4년 동안 한의학 공부를 열심히 하고, 본과 3학년 때 소아과 과목에 더 집중하고 싶어요."

역산 스케줄링을 하는 학생은 미래의 꿈에 초점을 맞추며 살아가는 반면, 역산 스케줄링을 하지 않는 학생은 꿈도 목표도 없이 살아가고 있었다. 많은 사람들이 미래를 계획하며 살기보다는 오늘 해야 할 일에 급급해하며 살아간다. 그러나 이러한 사람은 성공할 수 없다. 성공이란 생생하게 꿈을 그리고, 계획적인 실천을 통해서 이루어질 수 있기 때문이다.

다음은 역산 스케줄링을 실행하기 위한 방법이다.

첫째, 비전을 만들고 장기 계획을 세운다.

- 나는 세상에 어떤 자취를 남기고, 어떻게 평가받고 싶은가?
- 내가 진정으로 하고 싶고, 열정을 쏟아붓고 싶은 일은 무엇인가?
- 나는 무엇을 할 때 행복한가?
- 나는 어떠한 미래를 꿈꾸는가?

– 내가 꿈꾸는 미래는 나를 흥분시키며 나에게 도전과 성취욕을 불러일
  으키는가?

위의 5가지 질문을 충분히 생각하고 생생한 답을 얻어야 한다.

둘째, 꿈을 조각내어 실행한다. 10년 후, 5년 후, 3년 후, 1년 후
의 계획을 세우고, 무엇을 해야 하는지 계획한다. 처음부터 10년
후의 모습에 단숨에 도달할 수는 없다. 차근차근 계획적인 접근을
통해 나아가야 한다. 5년 후에는 어떤 모습일지, 3년 후에는 무엇
을 해야 할지 구체적으로 그려 보아야 한다.

셋째, 오늘 작은 시간 단위로 무엇을 할 것인가에 대한 계획을
세운다. 미래의 목표와 연관 있는 일들 중 우선순위를 정하고 매
일 달성했는지 체크한다. 우선순위가 높은 일들을 새벽 시간을 이
용해 처리하거나, 오전에 다 처리하지 못하면 자투리 시간을 이용
해 그날그날 소화해야 한다. 일정표를 만들어서 한 일은 지우지
말고 성공이라고 기록하고, 하지 못한 일은 X 표시를 한다. 그래서
일주일 동안 성공률을 계산하고 지속적으로 성공률 높이기에 도
전해야 한다.

역산 스케줄링은 비즈니스, 경력 관리, 건강 관리 등 모든 면

에서 적용이 가능하다. 5년 후 철인3종 경기에 나가겠다는 목표를 가진 사람은 4년 이내로 경기 완주 능력을 갖추고, 3년 이내로 70%, 2년 이내로 50%, 1년 이내로 30%의 완주 계획을 세운다. 그렇다면 1년 동안 무엇을 해야 할지 답이 나온다. 비만인 사람이 6개월 동안 18kg의 체중을 감량하기로 정했다고 하자. 그러려면 1개월에 3kg씩 감량해야 한다. 매일 규칙적인 식사량과 횟수를 정하고 신체 활동량을 늘릴 것을 계획함으로써 적절한 1일 칼로리 섭취와 소비량을 계산해 실행에 옮겨야 한다.

"매일, 매주, 매월, 매년 똑같은 일만 되풀이한다. 같은 시간에 출근하고, 같은 시간에 점심을 먹고, 같은 시각에 퇴근한다. 그것이 20세부터 60세까지 계속된다. 그동안에 대서특필해야 할 사건은 네 개밖에 없었다. 결혼, 첫아이의 출생, 부모의 죽음, 승진이 그것이다."

프랑스의 작가 모파상이 남긴 말이다. 반복되는 일상을 지겨워하면서도 쳇바퀴처럼 굴러가는 삶을 벗어나지 못하는 이유는 간단하다. 목적 없는 삶을 살고 있기 때문이다.

우리는 인생을 살면서 많은 일을 처리해야 한다. 그러나 쓸데없는 일에 시간을 소비해서는 안 된다. 무슨 일을 하든 나의 목표와 연관 있는 일을 먼저 해야 한다. 해야 할 일과 하지 않을 일을

정하고 방해 요소를 차단해야 한다. 시간을 계획적으로 관리하고
싶다면 지금부터 역산 스케줄링으로 인생을 디자인하라.

스펙보다
스토리를 만들어라

당신이 오늘 느끼는 고통은 내일 느끼게 될 강함이다.
당신이 직면하는 모든 도전은 성장을 위한 기회이다.

– 리투 가투리

"저는 S 대학교 경영학과를 졸업하고 토익 950점을 받았습니다. 1년 동안 미국으로 어학연수를 다녀왔습니다. 자격증으로는 증권투자상담사, 자산관리사, CFA(국제공인재무분석사)를 가지고 있습니다. 입사시켜 주신다면 누구보다 열심히 일하겠습니다. 고객의 수입을 몇 배로 불려 회사에 도움이 되는 인재가 되고 싶습니다."

"저는 B 대학교에서 컴퓨터공학을 전공했습니다. 아버지의 사업이 하루아침에 도산해 집안 형편이 갑자기 어려워졌습니다. 아버지는 제가 일찍 경제관념에 눈을 뜨길 원하셨습니다. 어려운 형편이었지만 아버지는 자본금 500만 원을 마련해 주시며 이 돈으로 투자해 보기를 권하셨습니다. 그러나 저는 1년 동안 아무 곳에도 투자하지 않았습니다. 제가 한 일이라고는 아침마다 컴퓨터를 켜 놓고 주식시장이 어떻게 돌아가는지 살펴보는 것뿐이었습니다. 1년이 지나자 외국인과 기관, 개인들의 매수, 매도 패턴에 대한 감이 잡히기 시작했습니다. 그 후 500만 원으로 투자를 시작해서 아버지의 빚을 모두 갚아 드리고 여유자금도 마련했습니다. 이 경험을 살려서 귀사에서 일해 보고 싶습니다."

당신이 증권회사 면접관이라면 누구를 채용하겠는가? 전자는 학벌, 토익, 자격증, 어학연수의 4대 스펙을 모두 갖추고 있다. 대학교를 다니는 동안 누구보다 열심히 공부하고 취직 준비를 했다는 인상을 준다. 후자는 전자에 비해 스펙상 여러 가지가 뒤떨어진다. 그럼에도 불구하고 왜 후자에게 더 깊은 인상을 받게 되는 것일까?

스펙이 단순히 과거에 일어난 사실을 전달하는 것이라면, 스토리는 사실의 몸에 진심의 옷을 덧입힌 것이다. 스펙은 모든 것에 등수를 매겨 서열화시킨다. 남과의 차별점은 오로지 좋은 대학을 나왔는가, 유학을 다녀왔는가, 자격증을 몇 개 취득했는가로 판별된다. 승자가 모든 것을 갖는 싸움으로 최고가 되어야 살아남을 수 있다. 서열 싸움에서 지면 패자로 전락해 버리는 것이 스펙이다.

그러나 스토리는 다르다. 스토리에는 '유일함'이 담겨 있다. 스토리는 나만이 겪어 온 삶이며 나만이 들려줄 수 있는 이야기다. 각자의 스토리는 서로 다른 감동을 주며, 모든 삶이 가치 있는 삶임을 깨닫게 해 준다. 스토리를 듣고 있노라면 가슴이 따뜻해지고, 설렘을 느끼고, 미소를 짓게 되고, 고개가 끄덕여지고, 함께 눈물을 흘리기도 한다. 스토리에는 진심이 담겨 있기 때문이다. 커뮤니케이션의 대가인 데일 카네기는 이렇게 말했다.

"언제나 당신의 경험, 당신의 스토리를 말해라."

시골의사라는 필명으로 유명한 박경철 씨는 《시골의사 박경철의 자기혁명》에서 다음과 같이 말했다.

"선한 영향력의 정의는 무엇일까? 단지 타인에게 이익이 되는 선택을 함으로써 선한 영향력을 행사했다고 믿는다면 그것은 착각이다. 선량함의 근원에는 2가지 핵심기제가 작용하는데, 하나는 sympathy(동정심)이고 다른 하나는 empathy(공감력)이다."

추운 겨울날, 육교 밑 걸인에게 500원짜리 동전을 건네는 것은 동정심이요, 외투를 벗어 주고 따뜻하게 손 잡아 주는 것은 공감력에서 기인한다.

스토리를 가진 사람은 나와 비슷한 일을 겪은 사람들에게 더 공감하고 동정심을 느낀다. 이미 여러 일들을 겪으면서 실패도 하고 성공도 해 봤기 때문에 다른 사람들은 제발 자신과 같은 실수를 겪지 않고 더 빨리 결승선에 이르도록 도와주고 싶어 한다. 이들은 기꺼이 실패한 사람들에게 동기부여를 해 주고, 넘어진 사람들을 일으켜 주며, 다시 뛰어 보자고 열심히 응원한다.

나는 한의대에 들어가기 전부터 건강 때문에 많은 눈물을 흘렸다. 체력이 약해 힘겨웠고, 매일 통증과 싸워야 했다. 늘어난 통증의 강도만큼 오랜 기간 한약을 먹으며 인고의 세월을 보냈다. 때로는 회복이 생각만큼 빠르지 않아서 낙담하고 실의에 빠지기도 했다. 이제 와서 뒤돌아보면 날마다 조금씩 건강이 호전되고 있었는데 마음이 조급한 탓에 미처 알아채지 못하고 답답해했다. 쌓이고 쌓인 병들을 하나하나 제거하고 나니 지금은 숨 쉬며 산다는 것이 정말로 감사하다. 하지만 치료하는 동안은 생명줄을 놓아 버리고 싶을 만큼 힘들었다.

나도 이렇게 힘든데 환자들은 얼마나 힘들까? 가끔씩 TV에서 병으로 괴로워하는 사람들의 모습을 볼 때면 마음이 아파온다. 수년 전, 행복전도사로 이름을 날렸던 최윤희 씨가 있었다. 20여 권의 저서와 방송을 통해 유명해진 그녀였다. 그러나 건강에 이상이 생겨 입원과 퇴원을 반복하던 중 통증으로 괴로워하다가 결국 남편과 동반자살을 택했다. 유서에는 700가지 통증으로 견디기 힘들다고 적혀 있었다. 순간 그녀의 심정이 이해가 갔다. 그녀의 통증을 완벽히 이해할 수는 없지만 얼마나 고통스럽고 견디기 힘들었을지 눈에 선했다. 나 역시 여러 가지 병과 통증 때문에 힘들었기에 그녀의 답답한 마음과 괴로움을 이해할 수 있었다.

나는 내 환자들은 제발 이러한 고통을 겪지 않았으면 하는 마음이 크다. 그래서 한의원에 내원하는 환자들의 진맥을 봐 준 뒤, 환자가 증상을 자각하지 못하는 병이 있는 곳을 말해 준다. 빨리 치료를 해서 병이 발전하는 것을 멈추고 건강하게 살도록 하기 위해서다.

어느 날 환자 한 분이 친구를 따라서 한의원에 내원했다.

"예전에 등산하다가 미끄러지는 바람에 옆에 있는 나뭇가지를 잡았는데 그대로 팔이 빠진 적이 있어요. 그렇지만 저는 밥도 잘 먹고 대변도 잘 보고 튼튼합니다. 아픈 데가 없어요."

"한 번 빠진 팔이 끼워졌다고 해서 안심하시면 안 됩니다. 지금 환자분 건강 상태가 좋지 않아서 다음에도 팔이 빠질 수 있으니 조심하셔야 합니다."

나는 답답한 마음에 환자에게 열변을 토했다. 그러나 환자는 그런 나를 이상하다는 듯이 쳐다보며 두 번 다시 내원하지 않았다. 결국 몇 주 뒤 그 환자는 앉은 자리에서 일어나던 도중 손에 잡은 물체가 미끄러지는 바람에 또다시 탈구가 되었다는 소식을 전해 들었다. 그럴 때면 안타깝고 마음이 아프다. 환자에게 조심하라고 이야기한 것은 겁을 주려는 목적이 아니라 환자가 다시는 같은 고통을 느끼지 않도록 조심하라고 주의를 주기 위함이었다. 누구보다 아팠던 나였기에 다른 사람들은 덜 아프고 덜 고통을 겪었으면 하는 것이 나의 진심이며 바람이다.

사람들은 누구나 자신만의 스토리를 가지고 있다. 스토리는 꼭 취업과 사업을 위해서만 필요한 것이 아니다. 거창한 것만을 주제로 여기지 않아도 좋다. 미국의 유명 강연 프로그램 TED(테드)에서는 신발 끈 묶는 것도 강의의 주제로 삼는다. 문제를 해결했던 경험, 좋은 습관을 형성하게 된 과정, 실패를 이겨 낸 일, 고난을 견뎌 낸 일 모두가 스토리다. 누구나 이런 경험을 가지고 있다. 누구든지 스토리를 통해 선한 영향력을 끼치는 주인공이 될 수 있다. 자신의 경험을 하찮은 것이라 여기지 말고 스토리를 통해 나누어 보자. 동정심과 공감력을 가진 나의 스토리가 누군가에겐 큰 힘이 되고 위로가 되고 격려가 될 수도 있다.

한의대에 다닌다고 하면 '사' 자가 들어가는 직업을 선택했으니 평생 먹고살 걱정은 안 해도 되겠다며 부러워하는 사람들이 있다. 그러나 한의대는 나의 스펙 중 하나가 아니다. 갖가지 병과 투쟁하며 좌절하기도 하고 일어서는 과정에서 눈물로 얼룩진 나의 삶이었다. 이제는 그 스토리를 아픈 사람들에게 들려주고 그들

의 손을 따뜻이 잡아 주고 싶다. 약을 먹는데도 왜 빨리 낫지 않
느냐고 투정 부리는 환자들에게 나의 이야기를 들려주며 "병은
빨리 낫는 것이 아니기에 조금만 더 인내하면서 치료해 봅시다."
라고 위로의 말을 건네고 싶다. 통증으로 힘들어하는 환자의 등
을 토닥여 주며 기도해 주고 싶다. '힘내세요. 조금만 더 힘을 내
세요'라고 말이다. 나는 그들의 아픈 몸뿐만 아니라 마음까지 치
료하는 한의사이고 싶다.

관성에 끌려다니지 말고 관성을 창조하라

인생에서 한계는 없다. 당신 자신이 만드는 한계만 제외한다면.

– 레스 브라운

2015년 노벨 생리의학상이 발표되는 순간 "아!" 하는 탄식이 흘러나왔다. 수상자 중 한 명이 우리나라의 한의사에 해당하는 중국의 중의사였기 때문이다. 80대의 여성 중의사가 190번의 실험 끝에 개똥쑥에서 말라리아 치료제인 아르테미시닌을 발견한 공로를 인정받은 것이다. 개똥쑥은 '청호'라고 불리는 한약재로서, 개똥처럼 흔하고 외진 곳에 있다고 해서 붙여진 이름이다. 노벨 생리의학상이라 하면 미국, 유럽, 일본의 대학교수나 연구자들에게 주는 상이라고만 여겼을 뿐 중의학 연구자가 수상하리라고는 전혀 예상하지 못했다.

우리나라에서는 의원, 병원, 대학병원을 거쳐도 원인을 발견하지 못하거나 수술해도 낫지 않을 때 한의원을 찾는다. 그만큼 한방에 대한 호감과 인식이 저조하다. 조금만 더 한의사의 말에 귀를 기울인다면 훨씬 더 건강이 좋아질 수도 있는데 반대로 가는 모습을 보고 있으면 안타까울 때가 많다.

어느 날, 80대 할머니가 딸의 손에 이끌려 한의원을 찾아왔다. 할머니는 눈에 총기가 없고 몸에 힘이 없어서 손을 붙들어 주어야만 간신히 걸을 수 있었다. 사정은 이러했다. 할머니가 뇌졸중으로 의식을 잃고 쓰러졌는데, 다행히 동네 사람들이 빨리 발견해 병원으로 옮겨졌다고 한다. 약물로 혈전을 녹이고 막힌 부위가 크지 않아서 반신마비의 후유증은 없었다. 그러나 인지가 늦고 용변 후 화장지로 닦아내거나 물 내리는 것, 시계 읽는 법 등을 잊어버렸다고 했다. 밥도 2~3숟갈만 겨우 먹었고, 새벽이면 손발이 차가워져 하얗게 변했다.

두 달 정도 한약을 복용하면서 침 치료를 병행하자 몸에 기운이 생기고 할머니의 눈에 생기가 돌기 시작했다. 대화를 나눌 때도 눈의 초점이 흐려지지 않았고 옆에서 손을 잡아 주지 않아도 스스로 걸을 수 있었다.

"할머니, 저 누구예요? 무엇하는 사람이에요?"

"한의사. 나 고쳐 주는 사람."

"할머니, 저 글씨 읽을 수 있으세요?"

"자… 양… 으… 뜸… 한… 의… 원."

처음에는 내가 한의사라는 인식도 하지 못했고, 글자 읽는 것도 힘들어 하던 할머니가 이제는 내가 한의사임을 인식하고, 속도는 느리지만 글자를 한 자 한 자 또박또박 읽을 수 있었다. 한약도 맛있게 잘 드시고 처음에는 손사래 치며 거부하던 침 치료도 잘 받았기에 가능한 일이었다.

할머니가 점점 호전되고 있을 즈음 한의원에 오는 횟수가 조금씩 줄기 시작했다. 할머니의 모습이 보이지 않자 불안해졌다. 어느 날 문을 열고 들어오는 할머니를 보고 깜짝 놀라고 말았다. 할머니의 상태는 예전 수준으로 퇴보해 있었다. 힘이 없어서 다리가 후들거렸고, 눈에 총기가 사라졌다. 여기가 어디인지 내가 누구인지 대답하지 못했다.

"할머니에게 요즘 무슨 일 있으세요? 할머니 건강이 다시 예전으로 돌아간 것 같아서요."

딸은 그제야 상황을 털어놓았다.

"대학병원에서 종합검진을 했어요. 다행히 더 나빠지지는 않았다고 하네요. 주위 사람들 말로는 엄마의 뇌 기능이 퇴보하지 않으려면 사람들이 모인 곳에 가서 자주 접촉해야 한다고 하더라고요. 그래서 요즘은 사회복지기관에 다니고 계세요."

그 말을 듣는 순간 답답해졌다. 할머니는 같은 연령대의 다른 분들보다 훨씬 더 기운이 떨어져 있었다. 기운이 부족할 때는 외부 활동을 자제하고 집 안에 머무르면서 기운을 축적해야 한다. 밖에 나가고 싶다면 가벼운 산책 정도가 좋다. 밖에 나가는 것, 사람 만나는 것, 일을 하는 것, 모임에 가는 것 모두가 기운을 쓰는 일들이기 때문이다.

기운이 좋을 때는 이 모든 일들을 해도 괜찮다. 그러나 몸 안의 기운이 극히 부족해져서 병이 난 상태라면 기운을 축적하고 회복하는 일을 우선시해야 한다. 기운이 아주 부족한 상태에서는 잠시 외출하거나 사람을 만나는 일만으로도 극도로 피곤해진다. 이런 사람은 집에 돌아오면 잠을 잔다. 잔다기보다는 곯아떨어진다는 표현이 더 맞을 것이다. 더 이상 기운을 사용하지 않기 위해 눈을 감고 잠을 청하는 것이다.

한방과 양방은 인간의 생명을 살리고자 하는 동일한 목표를 지향한다. 그러나 병의 원인을 파악하기 위한 진단법이 다르므로 치료법도 다를 수밖에 없다. 한의학은 겉으로 드러나는 증상을 보고 인체 내 오장육부의 상태를 파악해 치료한다. 반면 서양의학은 세포 수준으로 들어가 세포조직의 구조와 연결단계를 파악해 이상이 발생한 곳을 치료하는 데 중점을 둔다. 현재의 서양의학이 도입되기 오래전부터 한의학은 전통적인 치료 수단이었다. 그러나 현대의학은 살펴보고, 묻고, 냄새 맡고, 맥진과 복진 등의 촉진을 통해 손끝으로 진단하는 한의학의 방식에 회의를 품는다. 또 침, 뜸, 한약의 치료 효과를 객관적으로 측정하기가 곤란하다는 점을 들어 한의학을 배척하기도 한다.

중국에서도 중의학은 한때 미신으로 홀대받았다. 그러나 1950년 마오쩌둥은 '중의와 서의는 서로 단결해야 한다'라는 원칙을 세웠다. 한 걸음 더 나아가 시진핑 주석은 "중의는 중국 고대 과학의 보고이자 중화문명을 여는 열쇠이며, 중의에 대한 깊이 있는 연구와 과학적 정리는 세계 의학 사업을 풍부하게 하고 생명과학 연구에 적극적 역할을 할 것"이라고 선포하기까지 했다. 지금 중국은 중의, 서의, 중서 결합의라는 3가지 의료체계로 구성되어 있으며, 국가의 전폭적인 지원하에 중의사들도 활발하게 활동하고 있다.

한의사의 의료기기 사용에 관해 한국리서치가 국민 1,000명을 대상으로 여론조사를 실시한 적이 있다. 조사 결과 3명 중 2명은 한의사가 의료기기를 사용하는 데 찬성했다. 국내 의료 시장이 지금처럼 레드오션이 되기 전, 한의사도 초음파 기기를 사용했었다. 그러나 경제 여건이 악화되고 의사와 졸업생 수가 누적되자 의사들끼리의 경쟁도 치열해졌다. 휴·폐업한 병원 수는 늘어만 가는데 한의사들의 의료기 사용 요구가 높아지자 의사들은 적극 반발했다.

그러나 이는 의사들이 자초한 면이 컸다. 치료 결과를 객관적인 수치 혹은 사진으로 나타낼 수 없다면서 한의학을 미신으로 몰아붙였기 때문이다. 혈액검사 결과 간 수치가 높으면 한약 복용 여부를 먼저 묻는다. 양약을 먹어도 간 수치가 올라갈 수 있는데도 말이다. 일부에서는 수술하고 나서도 환자에게 "절대 한약은 먹지 마라, 한약 먹으면 죽는다."라고까지 말하기도 한다. 또 어떤 병원들은 입원한 환자가 한약을 먹겠다고 하면 당장 퇴원하라고 말하기도 한다.

한의사들이 치료 결과를 좀 더 객관적으로 보여주기 위해 의료 기기를 사용하면 의사들의 고소가 이어진다. 의료기기를 사용해 객관적 데이터를 구현하고 신뢰를 쌓기 위한 방법을 원천적으로 차단해 놓고, 한방을 무조건 미신으로 몰아가거나 잘못되면 한방을 탓하는 것은 이제 그만두어야 한다.

현재 의료시장은 레드오션이다. 우리나라만 보면 분명 포화상태다. 하루에도 수십 개의 한의원과 병·의원이 문을 열고 닫는다. 그러나 세계 시장으로 눈을 돌린다면 이야기는 달라진다. 세계보건기구(WHO)에 의하면 세계전통의약시장의 규모는 2008년 240조 원에서 2050년까지 6,000조 원으로 성장할 것이라고 한다. 세계 시장의 2%만 차지해도 엄청난 숫자다. 대한민국의 자그마한 땅덩어리에서 생각만은 크게 가져야 한다. 치료율을 높이고 '대한민국에 가면 죽어가던 사람도 살아 돌아온다'라는 믿음이 있으면 세계인이 한국으로 몰려들 것이다.

그러기 위해서는 한의사와 의사가 서로 협력해야 한다. 서로가 내 것이 최고라는 생각은 버려야 한다. 수술을 아무리 잘해도 체력이 받쳐 주지 않아서 죽는 사람이 있다. 한약으로 열심히 치료해도 스피드라는 측면에서는 양방을 못 따라간다. 그렇다면 서로를 인정하고 받아들여야 한다. 배척이 아니라 인정과 수용만이 서로를 살리는 길이다. 미국 유명 의료기관인 존스홉킨스, 메모리얼 슬로언 케터링 암센터, 메이요 클리닉 등은 이미 한방과 양방 협진을 통해 환자를 치료하고 있다.

이제 의료인들도 꿈과 비전을 가져야 한다. 관성대로 살면 레드오션인 국내 시장만 보이고, 관성을 창조하면 블루오션인 세계 시장이 보인다. 치열해진 경쟁만 생각하면 주위 모든 의료인이 경쟁의 대상이자 제거해야 할 대상으로 보인다. 그러나 치료율을 높이고 더 건강하고 효과적인 치료법을 발견해 인류의 건강에 이바지하겠다고 의식수준을 높이면 옆에 있는 의료인 모두가 나의 선생님이자 협력자가 될 수 있다.

나는 "살고 싶으면 대한민국으로 가라."라는 말이 세계인들 입에서 나오게 하고 싶다. 한의사와 의사가 서로를 있는 그대로 인정하고, 서로에게서 배우고, 한 명이라도 더 살리기 위해 노력하는 곳, 그곳이 바로 대한민국이기를 꿈꿔 본다.

어제의 부족한 나와 작별하라

내일에는 2가지 자루가 있다.
불안의 자루와 믿음의 자루.
우리는 둘 중 하나를 잡아야 한다.

– 헨리 워드 비처

장수한다고 알려진 솔개의 수명은 약 40년이다. 그러나 예외적으로 70년을 사는 솔개들도 있다. 40년을 산 솔개는 고통의 과정을 이겨 내고 30년을 더 살 것인지, 죽음을 맞을 것인지 선택의 기로에 놓이게 된다. 새로운 삶을 선택한 솔개는 먼저 산 정상으로 날아올라 둥지를 짓는다. 바위에 부리를 쪼아 깨뜨리고 빠지게 만듦으로써 새로운 부리가 돋아나게 한다. 그다음 새로운 부리로 발톱을 하나씩 뽑아내어 새로운 발톱이 자라도록 하고, 날개의 깃털을 하나씩 뽑기 시작한다. 6개월 후 새로운 부리와 발톱, 깃털을 갖게 된 솔개는 환골탈태한 모습으로 힘차게 하늘로 날아올라

30년을 더 살게 된다.

인생을 살면서 변화를 도모해야 할 때가 있다. 고등학교를 졸업하고 대학교에 갈 것인지 취직을 할 것인지, 취업을 앞두고 입사 시험을 준비할 것인지 나의 사업을 할 것인지, 은퇴를 앞두고 퇴직자금으로 생활할 것인지 새로운 기회를 모색할 것인지 결정해야 한다. 때로는 나의 약점과 단점들을 장점과 강점으로 바꾸어 진취적인 삶을 살고 싶은 마음이 들 때도 있다. 쳇바퀴처럼 굴러가는 삶을 벗어나 어제와는 다른 오늘을 희망하며 삶을 변화시키고자 한다. 그러나 마음처럼 변화되지 않아 답답할 때가 많다. 그럴수록 포기하지 말고 더욱 변화를 위한 노력을 멈추지 말아야 한다.

몇 년 전, 사업체를 운영하던 친구에게서 연락이 왔다.

"나 사업이 부도났어. 거래처에서 전부터 직원들이 이상하다면서 잘 지켜보라고 주의를 주더라고. 직원들을 믿었기에 아무 일 없다고 했지. 며칠 후에 출근해 보니 직원들이 한꺼번에 모두 안 나온 거야. 알고 보니 직원들이 거래처를 모두 빼돌려서 자기들끼리 회사를 차렸더라고. 매출전표도 모두 빼 돌려서 대금도 하나도 받지 못했어."

친구는 흐느끼며 말을 잇지 못했다. 나는 친구에게 말했다.

"난 널 믿어. 이제까지 잘해 왔잖아. 지금 잠시 숨 고르기에 들어간 것뿐이야. 포기하지만 않으면 언젠가는 다시 사업을 일으키고 빚도 다 갚을 수 있을 거야."

6개월 동안 친구는 집 안에만 틀어박혀 세상과 단절된 채 우울한 나날을 보냈다. 채권자들의 압력과 주위 시선에 휘둘려 무척 힘들어했다. 그러나 그녀를 더욱 힘들게 만든 것은 자신은 실패한 인생이라는 자괴감 때문이었다. 나는 친구가 혹시라도 극단적인 선택을 하지 않을까 염려되어 틈틈이 전화를 걸었다. 그러나 통화가 연결되지 않아 그녀의 목소리를 들을 수는 없었다.

6개월 후, 친구가 먼저 전화를 걸어왔다.

"나 다시 시작할 거야. 채권자들 만나서 빌린 돈은 꼭 갚을 테니까 더 이상 재촉하지 말고 믿고 기다려 달라고 했어. 더 이상 숨지 않을 거야. 나 꼭 다시 일어나고 말 거야."

확신에 찬 어조를 통해 그녀가 마음의 감옥에서 벗어나 변화와 혁신을 도모하기로 했음을 알 수 있었다. 친구는 먼저 자신의 주거지부터 옮겼다. 집이 경매에 넘어가고 집 안의 물건들이 압류에 붙여졌기 때문이다. 새로 이사한 그녀의 집은 가파른 경사에 작은 집들이 빼곡히 위치한 동네에 있는 어느 허름한 집이었다. 친구의 집을 방문한 나는 그녀가 혹시라도 이곳에서 자신의 처지를 비관할까 봐 걱정되었다. 그러자 그녀는 창문을 열며 내게 말했다.

"걱정하지 마. 이곳은 나의 꿈을 키우는 곳이야. 저기 저 회사 보여? 장차 내가 이뤄 낼 회사야. 힘들고 괴로울 때면 창문을 열어 놓고 저 회사를 보면서 희망을 가져. 언젠가는 나도 꼭 저런 회사를 설립할 거야."

5년 후 그녀는 재기에 성공해 다시 어엿한 CEO가 되었다. 아직 예전의 빚을 갚고 있지만 그녀는 이제 절망하지 않는다.

미국의 심리학자 해리 할로우는 '절망의 구덩이'라는 상자를 만들었다. 이 상자는 윗면을 제외하고 사방이 스테인리스로 막혔는데, 특이한 점은 윗면은 넓고 아랫면은 좁게 만들어졌다. 원숭이를 상자에 가둬 놓자 원숭이들은 어떻게든 빛이 있는 위쪽으로 기어오르려고 했지만 스테인리스의 미끄러운 표면 때문에 이내 주르르 미끄러져 내렸다. 며칠이 지나자 원숭이들은 올라가려는 시도를 포기했고, 좁은 바닥에 주저앉아 꼼짝하지 않았다. 원숭이들을 상자에서 꺼내 주었지만 여전히 구석에 쪼그려 앉아 시름시름 앓다가 죽어 갔다.

이처럼 절망의 구덩이에 갇혀 우울증으로 힘들어하는 사람들이 있다. 절망적인 상황에서 헤어나기 위해 온갖 방법을 강구하고 갖은 노력을 해도 현실을 변화시킬 수 없다는 생각이 들 때, 많은 사람들이 스스로 포기하고 자괴감에 빠진다. '내일은 상황이 달라지겠지'라며 기대감을 품지만 좀처럼 변하지 않는 상황에 이내 우울증에 걸리고 만다.

그러나 절망의 구덩이는 스스로가 만든 함정일 뿐이다. 구덩이에서 숨을 고르고 변화를 모색하는 시간을 갖는다면 절망이 아닌 희망의 구덩이가 된다. 이 보 전진을 위한 일보 후퇴의 시간을 가질 소중한 기회이기도 하다. 희망을 가지고 뛰어넘으려는 시도를 계속하다 보면 언젠가는 정말로 구덩이에서 뛰쳐나오게 된다. 그러므로 변화하고 싶다면 멈추지 말고 지속적으로 노력해야 한다.

치열한 경쟁 속에서 변화에 대처하지 못하는 기업은 도태한다. 반면 변화에 성공한 기업들은 '핵심 역량'을 재정의하고 이를 토대로 혁신을 이룬다. 핵심 역량이란 그 기업만이 이뤄 낼 수 있는 독자적이며 고유한 능력을 말한다. 코카콜라는 마케팅 능력, 구글은 검색 능력, 혼다는 엔진 기술을 핵심 역량으로 갖고 있다. 핵심 역량은 기업이 가진 기술, 기능, 노하우 일체를 포함하며 타사가 절대 모방할 수 없다. 핵심 역량을 키워야 기업은 경쟁우위를 가질 수 있다. 전혀 연관이 없어 보이는 분야에 진출해서도 성공하는 기업들은 핵심 역량을 정확히 파악하고 확장한 것이다.

세상에서 같은 삶을 살아가는 사람은 아무도 없다. 주변 환경과 주위 사람들이 모두 다르므로 다른 삶을 살 수밖에 없다. 기업에 비유하면 개인마다 각기 다른 기업들을 운영하고 있는 것이다. 다른 생활 방식과 경험을 갖고 있으므로 핵심 역량 또한 모두 다르다. 각자의 기술, 지식, 노하우가 다르고 고난, 실패, 성공방식도 모두 다르다. 70억 명의 사람이 70억 개의 핵심 역량을 갖고 있는 셈이다.

그러나 한 번이라도 자신의 핵심 역량에 대해 곰곰이 생각해 본 사람은 의외로 적다. 배려심, 호기심, 정직함, 도전성, 책임감, 위험 감수 능력, 실천력, 논리력, 아이디어 도출 능력 등 각자 자신만이 내세울 수 있는 핵심 역량이 있다. 어떤 상황에 처해 있든 당신을 일으키고 변화시켜 줄 능력, 당신을 빛나게 해 줄 능력을 모두 갖고 있는 것이다.

그러므로 "나는 성공할 능력이 부족해.", "나는 안 돼."라는 자기 파괴적인 말은 이제부터라도 그만두자. "성공한 사람은 과거가 비참할수록 빛이 나고, 실패한 사람은 과거가 화려할수록 비참하다."라는 말이 있다. 변화와 혁신을 도모하다가 실패할 수도 있다. 그러나 실패는 축복이다. 실패를 통해 약점을 깨닫고, 자기 혁신을 꾀할 수 있는 소중한 계기가 되기 때문이다.

애플의 창업자 스티브 잡스는 "혁신은 리더와 추종자를 구분하는 잣대다. 가끔은 혁신을 추구하다 실수할 때도 있다. 하지만 빨리 인정하고 다른 혁신을 개선해 나가는 것이 최선이다."라고 조언했다. 삶을 리드할 것인지 따라갈 것인지는 각자의 선택에 달려 있다. 중요한 것은 어제의 부족한 나와 이별을 고하고 변화와 혁신을 꾀할 때만이 주도적인 인생을 살 수 있다는 것이다.

어쩌다 만날 것인가,
스스로 창조할 것인가

사람들은 기존에 존재하는 것을 보고 "왜?"라고 묻는다.
하지만 나는 새로운 것을 꿈꾸며 "왜 안 되는데?"라고 묻는다.

– 조지 버나드 쇼

경기가 침체될수록 사람들은 대박을 기대하며 복권을 산다. 2016년 로또 판매금액은 3조 5,500억 원을 기록했고, 로또 명당이라고 소문난 곳은 평일 낮에도 줄을 서야 복권을 살 수 있을 정도다. 노력 없이 한 번에 거저 얻은 돈으로 과연 얼마나 행복할 수 있을까?

국제공인재무설계사 인증협회에 의하면 로또 당첨자의 3분의 1이 파산에 이르고, 또 다른 해외 통계에 따르면 로또 당첨자의 80%가 전보다 더 못한 삶을 살아간다고 한다. 로또 당첨자들의 삶을 텔레비전이나 인터뷰 기사에서 접하고도 많은 사람들이 여전히 로또 대박을 꿈꾸고 한 방에 인생을 역전하기를 기대한다. 그러나 인생에 한 방이란 없다. 한 방에 인생을 역전한 것처럼 보이는 사람들도 이미 그전부터 수많은 작은 펀치들을 날리며 준비해 온 사람들이다. "빨리 자란 것은 금방 시들고 조금씩 성장한 것은 오래 간다."라는 네덜란드 속담처럼 땀과 노력이 뒷받침되지 않은 성공은 모래성처럼 금방 무너져 버린다. 오랜 시간 동안 숙성되며 땀으로 일군 성공, 이것이 진정한 대박이며 장기간 지속될 수 있는 성공이다.

"원장님, 그만 뛰어다니세요. 그러다가 넘어지시면 어떡해요."

"원장님, 항상 건강하셔야 돼요. 원장님이 건강하셔야 저희들을 치료해 주시죠."

치료를 위해 한의원 내에서 이리저리 뛰어다니는 나를 보며 환자들이 걱정스러운 마음에서 하는 말들이다. 한의원을 개원하면서 나도 내가 이렇게 뛰어다닐 줄은 전혀 예상하지 못했다.

한의원을 개원한다고 했을 때 많은 사람들이 만류했다. 경제가 안 좋고 병원들의 폐업률이 높은데 왜 거액의 돈을 들여서 개원하느냐며 다시 생각해 보라는 말들을 건넸다. 하지만 나는 신경 쓰지 않았다. 부정적인 말들은 흘려보내고 오로지 성공한 한의원의 모습만을 떠올렸다.

처음 한의원을 열었을 때는 고요함과 적막함 속에서 일주일을 보냈다. 환자가 없는 조용한 시간을 보내면서 환자 한 명 한 명이 소중하게 느껴졌다. 이때 나는 내게 찾아오는 환자 한 명 한 명에게 최선을 다해서 치료하는 모습을 상상했다. 열정과 에너지를 쏟아부어 환자를 치료하고, 환자는 만족해하면서 한의원을 나서는 장면을 상상했다.

평소에도 환자가 많든 적든 내가 의자에 앉아 있는 시간은 별로 없다. 어떤 때는 새로 산 스타킹이 며칠 만에 구멍이 나기도 하고, 저녁이 되면 다리가 부어 있을 때가 많다. 그만큼 치료를 위해 뛰어다닌 덕분이다. 때로는 환자에게 필요 이상의 잔소리를 하기도 한다. 현재 환자의 건강이 어떤 상태이고, 무엇을 조심해야 하며, 일상생활에서 주의할 것들을 반복해서 말해 준다. 처음에는 자신의 건강 상태를 부정하던 환자도 집에 가서 곰곰이 생각해 본 후 나중에야 "그동안 몰랐었는데 돌이켜 보니 원장님 말씀이 맞네요."라고 말한다. 치료하기에도 바쁜데 잔소리를 하는 이유는 환자들이 제발 나처럼 아프지 말고, 나처럼 서러움을 겪지 말고, 나보다 더 빠른 시간 내에 낫기를 바라는 마음에서다.

개인적인 사정으로 휴진을 한 적이 있었다. 환자들에게 공지도 못 하고 갑작스럽게 진료를 하지 못했다. 휴진하는 동안 환자들이 다른 한의원으로 가서 다시 오지 않는다 해도 어쩔 수 없는 일이었다. 그러나 속으로 내심 '나는 그동안 환자들을 치료하기 위해 후회 없을 만큼의 최선을 다했어. 환자들은 꼭 다시 올 거야'라고 생각했다.

다시 한의원의 문을 열었을 때, 감격스럽게도 환자들은 정말로 나를 잊지 않고 다시 찾아와 주었다.

"원장님의 잔소리가 그리웠어요."

"다른 한의원에 안 가고 원장님만 기다렸어요."

"보고 싶었어요. 원장님!"

다시 와 준 것만으로도 고마운데 모든 사람들이 진심으로 나를 응원하고 있다는 사실에 감동을 받았다. '환자들을 위한 나의 마음이 통했구나. 나의 진심이 통했구나'라는 생각에서였다.

"멋진 미래의 모습을 그려라. 미래를 예측하는 가장 좋은 방법은 스스로 미래를 만드는 것이다."

《성공하는 사람들의 7가지 습관》의 저자 스티븐 코비의 말이다. 현재의 청년 상황을 나타내는 단어들이 있다. 청년실업자와 신용불량자의 합성어인 '청년실신', 어려운 경제 사정으로 연애, 결혼, 출산을 포기하는 삼포세대에서 더 진화해 N가지를 포기하는 'N포세대' 등이 바로 그것이다. 그러나 나는 청년들이 이 용어들을 심각하게 생각하지 않았으면 한다. 현재가 암울할수록 더욱 밝고 멋진 미래를 꿈꾸어야 한다. 밝은 미래를 꿈꾸는 사람만이 그곳에 도달할 용기를 내고 고지에 이를 수 있다.

"정신력이 가장 중요합니다. 내가 가장 오래 체육관에 남아 있는지는 모르겠지만 있는 시간 동안에는 효율적으로 연습하려고 합니다. 한계에 부딪혀야 더 높은 곳으로 올라갈 수 있습니다. 그래서 더 열심히 훈련하고 있습니다."

연봉 448억 원, 2년 연속 MVP의 주인공인 농구 선수 스테판 커리의 말이다. 그는 농구 선수로서는 작은 키인 190cm에 불과했고 마른 몸을 가졌다. 고등학교 시절에는 순위에 들지 못해서 평범한 대학교에 진학했으며, NBA 농구 선수였던 아버지조차 아들이 농구 선수로서는 한계가 있다고 판단할 정도였다. 고질적인 발목 부상으로 '유리 발목'이란 별명까지 얻었지만 그는 좌절하지 않았다. 병원에 입원해 있는 동안 명슈터들의 자료를 보며 연구했고, 퇴원 후에는 피나는 연습 끝에 폭발적인 볼 핸들링 실력을 갖추며 최고의 슈터로 거듭났다.

청춘에게는 젊음의 힘과 에너지가 있다. 아무 주목도 받지 못했던 스테판 커리가 최고의 농구 선수라는 멋진 꿈을 이루어 냈듯이, 청춘들은 그 어느 때보다 멋진 미래를 그리고 스스로 미래를 만들어 나갈 힘이 있다. 만물이 푸른 봄철을 의미하는 청춘은 나이만 젊은 것이 아니라 정신까지 젊고 생기가 있어야 한다. 펄떡펄떡 살아 숨 쉬는 생동감과 에너지가 넘쳐흐르는 사람만이 진정한 청춘인 것이다.

세상에는 두 부류의 사람이 있다. 가만히 앉아서 기회가 오기만을 기다리는 사람과, 발로 뛰며 스스로 기회를 창조하는 사람이다. 전자는 삶은 운명이며 자신의 운명은 이미 정해져 있다고 여긴다. 그래서 아무것도 하지 않으면서 기회가 오기만을 바란다. 강력한 한 방, 삶을 뒤바꿀 한 방만을 꿈꾸며 언제나 그 자리에 머물러 있을 뿐이다.

반면 후자는 삶은 나의 생각과 행동으로 개척해 나가는 것이라고 믿는다. 어떤 상황에서도 돌파구를 마련하고 기회를 만들어낸다. 모르는 것이 있으면 전문가들을 찾아 자문을 구하고, 문제 해결에 적합한 사람들을 찾아 설득하고 팀에 합류시킨다. 겸손함과 적극적인 열정으로 사람들을 감동시키고 결국 자기 편으로 끌어들여 성공의 열매를 함께 나눈다.

고대 그리스의 철학자 플라톤은 현재를 살아가는 청춘들에게 "자기 자신을 이기는 것이야말로 최대의 승리다."라고 조언했다. 노력 없는 대박을 바라지 말자. 세상이, 인생이, 미래가 두렵더라도 언젠가는 자리를 박차고 나와야 한다. 스스로의 장벽을 무너뜨리고 세상의 장애물을 뛰어넘어야 한다. 더 이상 감나무 밑에 누워 감이 떨어지기만을 바라는 어리석은 우를 범해서는 안 된다. 시간은 누구에게나 공평하게 주어졌지만 각자의 땀과 노력으로 인생의 질은 크게 달라진다. 준비하고 때를 기다려 미래를 행운의 네잎 클로버로 만들어 보자.

나의 가치는 내가 정한다

당신이 자신을 어떻게 보느냐에 따라
다른 이의 눈에도 똑같이 비치게 된다.

- 네빌 고다드

노벨상 수상자의 3분의 1을 차지하고 전 세계의 경제를 장악하고 있는 민족이 있다. 바로 이스라엘 민족이다. 기원후 70년, 제1차 유대-로마 전쟁에서 로마의 타이투스 장군에 의해 멸망당한 이스라엘 민족은 전 세계로 뿔뿔이 흩어져 나라 잃은 민족이 되었다. 가는 곳마다 예수님을 죽인 민족이라는 손가락질을 받으며 온갖 고통과 압박을 받았다. 그들 뒤에는 칼과 창이 따라다녔고, 독일 나치에 의해 600만 명이 잔인하게 죽임을 당하기도 했다.

1948년 5월 14일, 팔레스타인을 위임통치하고 있던 영국군이 철수하는 날, 이스라엘의 정치가 벤 구리온이 팔레스타인에서 이스라엘의 독립을 선포했다. 1900년이 넘도록 전 세계를 떠돌며 온갖 박해와 수난을 당했던 민족이 어떻게 하루아침에 나라를 세울 수 있었던 것일까? 그것은 바로 '신념'을 지켰기 때문에 가능한 일이었다. 이스라엘 민족은 주일이면 하던 일을 멈추고 회당에 모여 하나님을 섬겼다. 이런 정기적인 만남과 교제를 통해 민족의 정체성을 유지할 수 있었다. 작은 일에서부터 신념을 지키는 행동이 민족을 지키고 나라의 회복을 가능하게 한 것이다.

교회에 다니기 시작한 이후로 나는 술을 마시지 않았다. 직장에 들어가기 전, 한국식 술 문화를 어떻게 이겨 내야 할지 고민이 많았다. 입사 전날 가장 걱정했던 것이 회식이었을 만큼 내게는 중요한 문제였다. 그것은 곧 나의 신념을 지키느냐 무너뜨리느냐의 문제였기 때문이다. 고민 끝에 어떠한 일이 있어도 나의 신념을 지키기로 마음먹었다. 첫 회식 자리에서 술을 마시지 않는다는 것을 당당하게 표현했다. 그러자 부서 사람들은 회식 자리에서 술 대신 내게 사이다를 주문해 주었고 나의 신념을 지킬 수 있었다.

몇 개월 후 두 번째 위기가 찾아왔다. 이번 회식은 부회장님, 다른 부서 팀장님과 과장님까지 참석하는 자리였다.

'높은 직급인 부회장님이 술을 주신다면 어떻게 해야 할까?'

가슴이 떨렸다. 그러나 여기에서 무너지면 회사 생활 내내 신념이 사라져 버릴 것 같았다. 결국 어떤 불이익을 받는다 해도 신넘은 꼭 지키겠다고 굳게 마음먹었다. 회식자리에서 부회장님이 술잔을 건네며 한마디 했다.

"한 잔 받아요."

나는 침을 꼴깍 삼킨 후 비장한 표정으로 대답했다.

"부회장님, 신앙의 이유로 저는 술을 마시지 않습니다. 죄송하지만 이 술잔은 받을 수 없습니다."

술잔을 든 부회장님이 무안해하실까 봐 옆에 있던 다른 부서 팀장님이 말을 이었다.

"최성희 씨, 부회장님이 주는 술잔이에요. 어서 받아요!"

"죄송합니다. 저는 받을 수 없습니다."

이미 마음속에는 분위기가 험악해질 것도 염두에 두고 있었고, 내일 당장 그만두라고 하면 그만둘 각오도 되어 있었다. 그런데 부회장님은 "요즘은 억지로 술 마시게 하는 분위기가 아니에요. 안 마신다고 해도 괜찮아요."라며 분위기를 풀어 주었다.

신념이란 행동 수칙이자 삶의 나침반이다. 신념이 있는 사람은 자신만의 원칙을 갖고 있다. 삶의 기로나 중대한 결정을 앞둔 상황에서 흔들리지 않고 자신이 굳게 믿고 있는 대로 행동한다. 신념으로 인해 불이익을 받는다고 해도 그들은 개의치 않는다. 현재 받는 불이익보다 원칙을 지켰을 때 얻는 미래의 가치가 훨씬 더 크다는 것을 알기 때문이다. 어떠한 압력과 핍박에도 굴하지 않음으로써 얻게 되는 강인한 정신력과 행동력, 남과 다른 나를 만드는 차별화, 자신이 가치 있는 존재임을 깨달을 수 있기 때문이다.

신념이란 지킬 때 비로소 가치가 있는 것이다. 신념이란 어떤 것을 굳게 믿는 마음이므로 신념이 있다는 것은 믿는 대로 행동한다는 말이다. 한 번 두 번 가치관을 무너뜨리고 상황에 굴복하는 것은 신념이 없다는 의미다. 원칙을 갖고 있던 사람도 조금씩 타협하기 시작하면 신념을 잃고 나중에는 걷잡을 수 없는 심각한 상황에 이를 수 있다. 그래서 미국의 사상가인 에머슨은 다음과 같이 원칙을 지킬 것을 충고했다.

"정치적인 승리, 사업 수입의 증대, 질병으로부터의 회복, 잃어버린 친구가 돌아왔을 때, 그리고 어떤 외부적인 요인으로부터 흥분되었을 때 당신의 시대가 되었노라고 생각할지 모르겠습니다. 하지만 그게 아닙니다. 절대 그럴 수 없는 일입니다. 당신 자신 외에는 그 누구도 당신 마음에 평화를 가져다줄 수는 없습니다. 원칙을 통한 승리 외에는 아무것도 당신에게 평화를 줄 수는 없습니다."

제임스 다이슨은 100년 동안 진화하지 않은 진공청소기에 일대 혁신을 일으키며 먼지 봉투 없는 청소기를 개발했다. 5,127개의 시제품을 만들고 15년 동안 꼬박 제품 개발에 매달렸다. 20년 간 수백만 파운드에 달하는 빚을 지고, 힘든 법정 소송에 시달리기도 했다. 수년간 피땀 흘려 개발한 제품의 아이디어와 기술을 도용당하고 자금 부족에 허덕일 때도 있었다.

그러나 이 모든 압박에도 불구하고 다이슨이 제품 개발에 몰두했던 이유는 기술과 디자인을 접목시켜 현존하는 어떤 청소기보다 성능 좋고 멋진 제품을 만들고자 한 그의 신념 때문이었다. '다이슨으로 청소하다'가 아닌 '다이슨하다'를 꿈꾸며 제품이 곧 명사화되는 것을 상상했다. 그의 신념대로 다이슨 청소기는 청소기 중 독보적이고 차별화된 상품이 되었고 시장의 판도를 바꾸어 놓았다.

처세훈이란 상황이 변해도 고수해야 할 행동의 기준선이자 신념이다. 처세훈에 대해 데일 카네기는 이렇게 말했다.

"참으로 마음의 편안함을 얻으려면, 올바른 가치판단을 할 수 있어야 한다는 것이 나의 신념이다. 그렇기 때문에 자기의 처세훈을 만들 마음이 있다면, 모든 괴로움의 반은 꼭 없어진다. 그 처세훈이라는 것은 자기 인생에 있어서 어떤 것이 가치가 있는가를 판단하는 측정 기준이 된다."

사람의 생각은 행동으로 나타난다. 역으로 행동을 보면 그 사람의 생각을 알 수 있다. 무엇을 중요시 여기는지, 어디에 초점을 맞추고 살아가는지 유추할 수 있다. 가족이나 건강보다 일에 더 중점을 두는가, 돈을 버는 일에만 온 신경을 쏟고 있는가, 승진과 출세에만 욕심을 내고 있는가는 행동을 유심히 관찰해 보면 안다.

악기를 연주하는 사람이라면 누구나 스트라디바리우스의 바이올린을 갖고 싶어 한다. 무엇이 이 바이올린을 특별하게 만들었을까? 바로 스트라디바리우스의 신념이었다. 그는 '정성 들여 만들었어도 좋은 소리가 나지 않으면 부순다. 실패한 악기에는 내 이름을 넣지 않는다'라는 원칙을 정하고 이십 대부터 죽을 때까지 신념을 철저히 지켜 나갔다. 다른 제자들은 좋은 음색을 내지 않는 바이올린을 저렴한 값에 팔았지만 그는 팔지 않았다.

신념을 지키는 일은 어렵다. 불이익을 당할 수도 있고 남들보다 뒤처지기도 한다. 무리 안에 있으면 안정감이 들고 무리가 나를 지켜 줄 것만 같지만, 보호받기 위해 신념을 저버리면서까지 무리 안에 머물러서는 안 된다. 신념을 내려놓는 것은 순간이지만 평생 후회로 남을 수 있기 때문이다. 나의 가치는 오직 내가 지키는 것이다.

내 삶의 주인공은 나다

우리는 모두 스타이고 빛날 가치가 있다.

– 마릴린 먼로

"난 난 꿈이 있었죠 / 버려지고 찢겨 남루하여도 / 내 가슴 깊숙이 보물과 같이 간직했던 꿈 / 혹 때론 누군가가 뜻 모를 비웃음 내 등 뒤에 흘릴 때도 / 난 참아야 했죠 참을 수 있었죠 그날을 위해 / 늘 걱정하듯 말하죠 / 헛된 꿈은 독이라고 / 세상은 끝이 정해진 책처럼 / 이미 돌이킬 수 없는 현실이라고…"

어느 날 가수 인순이 씨가 부르는 〈거위의 꿈〉을 듣다가 펑펑 울었던 적이 있다. 당시 나는 황금 같은 이십 대를 지나고 불품없는 삼십 대 초반에 머물러 있었다. 1년을 바라보고 시작했던 한의대 편입공부는 무려 4년이나 걸렸고, 그 사이에 집안의 소송 사건들을 처리하며 심신이 지친 데다 건강까지 망가져 있었다. 집이 망했는데 무슨 공부냐며 야유를 던지는 사람들도 있었고 헛된 꿈이라며 포기를 종용하는 사람들도 있었다. 그래도 가슴 한편에는 늘 꿈을 붙잡고 살았다. 눈물을 흘리며 가슴을 치면서도 꿈만은 잃지 않았다. 꿈을 이룬 지금 이 순간, 눈물은 기쁨으로 변했고 꿈을 간직한 내가 옳았음을 증명해 주었다.

나폴레온 힐은 20년 동안 507명의 성공자들을 면담하며 성공 원리를 책으로 펴냈다. 그는 저서 《나폴레온 힐 성공의 법칙》에서 '성공을 위한 15가지 법칙'을 이렇게 정리했다.

"명확한 중점 목표, 자기 확신, 저축하는 습관, 솔선수범과 리더십, 상상력, 열정, 자제력, 보수보다 많은 일을 하는 습관, 유쾌한 성품, 정확한 사고, 집중력, 협력, 실패로부터의 교훈, 인내, 협력."

나폴레온 힐은 이 중 가장 중요한 것이 '명확한 중점 목표'라고 말한다. 많은 사람들이 진정 자신이 무엇을 원하는지 모른 채 삶을 살아간다. 꿈도 목표도 없이 살다가 죽음을 맞이할 뿐이다. 그러나 진정 성공하는 삶을 살고 싶다면 명확하고 확고한 목표를 세워야 한다. 목표 없는 삶은 바다를 표류하는 배와 같아서 어디로 갈지 몰라 항상 헤맨다. 명확한 목표가 있는 사람은 어떠한 상황에서도 흔들리지 않고 꿋꿋이 나아가 결국 성공에 다다른다.

많은 사람들이 성공하지 못하는 이유를 남 탓으로 돌린다. 부모님이 부자가 아니라서, 여유자금이 없어서, 사회가 불평등해서 자신의 불행을 누군가의 탓으로 돌린다. 부모 탓, 환경 탓, 도움의 손길이 없는 사회 탓, 돈이 최고인 세상 탓. 불평의 눈으로 바라보면 모든 것이 불평의 대상이 된다. 이들은 끊임없이 남을 원망하다가 기회가 와도 놓쳐 버리고 만다.

관점을 바꾸면 인생이 달라진다. 모든 상황들이 희망의 원동력이 된다. 가난한 가정형편 덕분에 일찍부터 절약 습관과 경제관념을 배울 수 있고, 부모님의 불화 덕분에 사람들과 화목하게 지내는 방법을 강구할 수 있다. 나쁜 친구들과 어울려 어려움을 겪은 덕분에 서로의 꿈을 응원하는 좋은 친구들을 발견하는 법을 배울 수 있다. 부정적인 사람은 '~때문에 안 돼'라고 여기지만 긍정적인 사람은 '~덕분에 할 수 있다'라고 여긴다. 결핍이 많다는 것은 그만큼 발전 가능성이 크다는 뜻이다. 그러므로 결핍이 있다는 것에 감사하는 마음을 가져야 한다.

어느 날, 식당에서 밥을 먹는데 옆자리에서 하는 말이 들려왔다.
"요즘 대학생들은 예전보다 우유부단하고 의지가 없어요. 조금만 어려워도 금방 포기하죠. 꿈도 없고 목표도 없어요. 회사에 들어가도 조금만 강압적이면 금방 회사를 뛰쳐나오더라고요. 하여

간 요즘 학생들 문제예요."

사회는 점점 각박하게 변하고 있다. 뉴스를 틀면 정치, 경제, 사회 분야에서 어느 것 하나 좋은 소식을 듣기가 힘들다. 암울한 미래와 만만치 않은 현실 속에서 청춘들은 그 어느 때보다 뜨거운 고뇌의 시간을 보내고 있다. 그러나 나는 이 시대의 청춘들이 척박한 사회를 뚫고 나갈 충분한 힘이 있다고 믿는다. 기성세대의 눈에는 한낱 나약하고 철없어 보이는 청춘들이지만 어려운 시기를 뚫고 나가기 위해 누구보다도 치열하게 살아가고 있음을 잘 알기 때문이다.

'메기 효과'라는 말이 있다. 바다에서 갓 잡은 정어리들은 항구까지 가는 동안 대부분 죽는다. 정어리들을 살아 있는 상태로 운반하는 방법은 간단하다. 메기 한 마리를 집어넣는 것이다. 정어리들은 천적인 메기에게 잡아먹히지 않기 위해 죽을힘을 다해 도망치고 이로써 항구에 도착할 때까지 살아남게 된다.

지금 청춘들은 절체절명의 위기를 겪고 있다. 하지만 위기는 곧 기회다. 청춘들이 더욱 단단해지고 강해질 기회, 잠재력이 최대한 발휘될 기회이기도 하다. 나는 지금의 청춘들은 위기를 기회로 바꿀 충분한 능력을 갖고 있음을 확신한다.

치열한 경쟁과 암울한 현실에 굴복하고 싶을 때도 있을 것이다. 그럴 땐 긍정적인 자기암시를 통해 절대 현실에 굴복하지 말고 끝까지 돌파해 내야 한다. 영화배우 짐 캐리는 가난한 무명 시절,

밤마다 이렇게 외쳤다. "나는 훌륭한 배우다!" 많은 사람들이 영화 출연을 제의하지만 아직 듣지 못했을 뿐이라고 반복적으로 자기암시를 했다. 그는 실패나 절망이라는 말을 절대 입 밖에 꺼내지 않고 오로지 꿈과 성공이라는 단어만 떠올렸다.

미국 펜 스테이트 대학교 스포츠심리학과 교수인 데이브 유켈슨도 긍정적인 자기암시를 장려했다.

"자기암시를 이용하면 야구의 모든 상황에 대처할 수 있다. 선수는 그 상황이 마치 예전에 본 듯한 느낌이 들기 때문에 어떻게 극복해야 할지 알게 된다."

사회가 원망스럽고 무력감에 빠진 사람일수록 긍정적인 자기암시를 통해 부정의 옷을 벗어 버려야 한다.

'지금 이 나이에 무슨 꿈이 필요해? 되는 대로 살면 되지' 하는 사람들이 있다. 인생을 힘차게 살아갈 것인가, 근근이 살아갈 것인가의 선택은 자신에게 달려 있다. 꿈을 꾸고 이루는 데 나이의 제한은 없다. 죽는 순간까지 힘 있게 살아가는 원동력, 그것은 바로 꿈과 비전에서 나온다. 꿈이 없는 사람은 지금 당장 노트를 펴고 꿈부터 적어야 한다. 가슴 벅찬 두근거림으로 하고 싶고, 갖고 싶고, 되고 싶은 모든 것들을 적어 보자.

꿈을 꾸고 비전을 세웠다면, 더디게 이루어진다고 혹은 아직 이루어지지 않았다고 걱정하지 말자. 독일의 작가 괴테의 "꿈을 계속 가지고 있으면 언젠가는 반드시 그것이 실현될 때가 온다."라는 말처럼 꿈을 이루기 위해 노력하는 사람에게는 기회가 왔을 때 잡을 수 있는 능력이 있다. 원대한 꿈일수록 나의 능력을 연마하고, 꿈을 이룬 후 허물어지지 않도록 나를 다지는 시간들이 필요하다. 그러므로 꿈이 더디게 이루어진다고 좌절할 필요는 없다.

영국의 극작가 셰익스피어는 "이 세상은 모두 무대이고 남자도 여자도 모두 배우다."라는 말을 남겼다. 인생은 연극 무대와 같다. 훌륭한 배우는 무대와 배경을 탓하지 않고 오로지 자신의 역할에만 몰두함으로써 최고의 인물을 연기해 낸다. 바꿀 수 없는 나의 환경과 배경을 탓하는 것은 어리석은 행동이다. 때로는 주인공을 괴롭히는 악당도 존재한다. 당신을 힘들게 하고 짓밟는 사람은 당신을 돋보이게 만드는 엑스트라일 뿐이다. 그러므로 나를 빛내 주는 엑스트라에게 감사하자.

조그만 씨앗도 추위를 이겨 내고 봄이 되면 땅을 뚫고 나온다. 당신은 씨앗보다도 훨씬 더 위대한 존재다. 그러므로 당신에겐 역경을 이겨 낼 힘이 충분하다. 어떠한 일이 있어도 자신감을 가지고 당당히 살아가자. 세상이라는 연극 무대의 주인공은 바로 당신이다!

서른의 꿈은 달라야 한다

초판 1쇄 인쇄 2018년 1월 5일
초판 1쇄 발행 2018년 1월 12일

지 은 이 **최성희**
펴 낸 이 **권동희**
펴 낸 곳 **위닝북스**
기   획 **김태광**
책임편집 **채지혜**
디 자 인 **이혜원**
교정교열 **유관의**
마 케 팅 **허동욱**

출판등록 **제312-2012-000040호**
주   소 **경기도 성남시 분당구 수내동 16-5 오너스타워 407호**
전   화 **070-4024-7286**
이 메 일 **no1_winningbooks@naver.com**
홈페이지 **www.wbooks.co.kr**

ⓒ위닝북스(저자와 맺은 특약에 따라 검인을 생략합니다)
ISBN 979-11-88610-24-2 (03190)

이 도서의 국립중앙도서관 출판도서목록(CIP)은 서지정보유통지원시스템
홈페이지(http://seoji.nl.go.kr)와 국가자료공동목록시스템(http://www.nl.go.
kr/kolisnet)에서 이용하실 수 있습니다.(CIP제어번호: CIP2017034230)

이 책은 저작권법에 따라 보호받는 저작물이므로 무단전재와 무단복제를
금지하며, 이 책 내용의 전부 또는 일부를 이용하려면 반드시 저작권자와
위닝북스의 서면동의를 받아야 합니다.

위닝북스는 독자 여러분의 책에 관한 아이디어와 원고 투고를 설레는
마음으로 기다리고 있습니다. 책으로 엮기를 원하는 아이디어가 있으신 분은
이메일 no1_winningbooks@naver.com으로 간단한 개요와 취지, 연락
처 등을 보내주세요. 망설이지 말고 문을 두드리세요. 꿈이 이루어집니다.

※ 책값은 뒤표지에 있습니다.
※ 잘못 만들어진 책은 구입하신 서점에서 교환해 드립니다.